다문화
국가로
가는 길

저출생, 지역 소멸 시대의
이민정책과 대안

다문화 국가로 가는 길

김봉구 지음

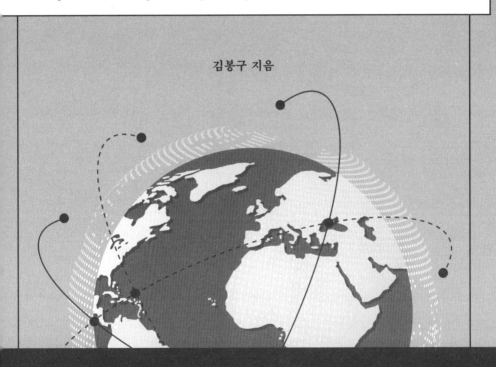

저출생·고령화·지역 소멸에 들어선 대한민국
다문화와 이민국가에서 희망을 찾다!

문예춘추사

하루라도 빠른
'이민국가'를 열망하며

　『다문화 현장 이야기』를 대학 강의용으로 출간한 이후, 2023년에 다문화 정책을 담은 『대한민국 다문화 정책 어젠다』를 출간한 데 이어, 강의 요청이 많아 원고를 모아 『다문화 국가로 가는 길』이라는 세 번째 책을 출간하게 됐습니다.

　노동부와 법무부는 이주노동자 4년 8개월 취업비자를 10년까지 연장해 영주권을 부여하는 진일보한 정책을 추진하고 있습니다. 유학생들 역시 학업을 마치고 귀국하는 것이 아니라 취업비자를 줘 한국에 계속 체류하도록 하는 외국인 유입정책을 펼치고 있습니다.

즉 이주노동자나 유학생들도 본인들이 희망한다면 한국에서 영주권을 얻어 한국에 뼈를 묻을 수 있는 이민국가로 가고 있는 것입니다. 이는 인구절벽, 지역소멸과 맞물려 이민국가로 가지 않으면 국가 존립 자체가 어렵다는 판단에서입니다.

선진유럽들은 이주민 비율이 평균 30%로 한국의 5%보다 훨씬 이주민들이 많은 다문화·이민국가들입니다. 결국 유럽도 저출생·고령화 사회의 대안을 이민국가에서 찾은 것이고, 개방적이고 포용적인 사회가 경쟁력이 높다는 것은 GDP를 통해서도 확인할 수 있습니다.

사회통합 등 해결해야 할 문제가 있지만 구더기 무서워 장을 못 담그는 우려에 발목 잡히기에는 대한민국으로서는 시간이 너무 부족한 상황입니다.

한국의 전체 228개 시·군·구 중에서 지역소멸 위험지역은 130 곳으로 전체의 57%나 됩니다. 2024년 소멸 고위험지역으로 부산 북구·사상구·해운대구·동래구, 대구 동구, 대전 중구·동구, 울산 울주군, 경북 상주·문경시, 경남 밀양시, 전남 목포시·무안군, 충북 증평군 등이 추가돼 57곳으로 늘어났습니다.

이에 22년간 다문화 현장에서 경험하고 체득한 내용들을 한국사회가 나아가야 할 이민국가와 외국인주민정책 등 대안을 중심으로 국정에 반영되기를 희망하며 정책 제언들을 책에 담았습니다.

바쁘신 중에도 초본을 읽고 애정어린 추천사를 써주신 서울대학교 사회학과 이재열 교수님, 연세대학교 문화인류학과 김현미 교수님, 고려대학교 사회학과 윤인진 교수님, 대전세종연구원 김영진 원장님, 목원대학교 신학과 이정순 교수님, 법무법인 양재 김주현 변호사님, 외국인무료진료소 신현정 원장님, 안산명성교회 김홍선 목사님, 전 세계교회협의회 이상윤 목사님, 전 남부연회 김용우 감독님께 감사와 존경의 마음을 드립니다.

매우 빠르게 저출생 고령사회로 변한 한국사회가 '정해진 미래'
를 벗어나기 어렵다는 우려가 높습니다. 청년층은 수도권으로 몰
리고, 노인들만 남게 된 지방은 소멸의 위기에 처했습니다. 다민
족, 다문화, 이민국가로의 이행을 피할 수 없게 됐습니다. 어렵고
위험한 일터일수록 이주노동자 없이 돌아가지 않습니다. 결혼이
주민과 유학생은 텅 빈 농촌과 문 닫을 위기의 대학을 채우는 새
로운 활력을 만들어냅니다. 그러나 정부도, 교회도 준비가 부족합
니다. 지금의 정책을 획기적으로 바꾸지 않으면 어려운 미래를 맞

게 됩니다.

이 책의 저자인 김봉구 목사는 20여 년 전 미래를 맞기 위한 혁신적 노력을 시작했습니다. 사각지대에 놓인 외국인 노동자들을 위한 복지관을 설립하였고, 결혼이주 여성들이 경제적으로 독립할 수 있도록 도왔으며, 모국으로 돌아간 이들과의 지속적 협력을 통해 국경을 넘는 협력의 네트워크를 만들었습니다. 그 노력을 인정받아 2019년에는 호암 사회봉사상을 수상했습니다.

저자는 그간의 경험을 토대로 한국이 왜 다민족, 다문화, 이민 국가가 되어야 하는지를 설득력 있게 설명합니다. 그간의 풍부한 경험과 데이터에 토대를 두고 미래를 그리는 통찰력을 갖추었기 때문입니다.

이 책은 이민 국가를 준비하는 공직자들에게는 중요한 정책 제안이며, 디아스포라를 겪은 나라 한국 교회에는 우리를 찾아온 이민자와 함께 살아갈 선교 비전을 제시하고, 지방소멸을 고민하는 지방자치단체에는 다문화 공동체를 꾸려 지역을 살릴 현실적 대안을 보여줍니다.

한국의 미래에 대해 고민하는 시민들에게도 일독을 권합니다.

_ 이재열(서울대학교 사회학과 교수)

이주민의 사회통합을 위해 헌신해온 김봉구 목사의 저서『다문화 국가로 가는 길』은 이민정책이 어떻게 한국 사회의 복합적 위기를 해결하는 해법이 될 수 있는지를 설파합니다. 이주민의 인권과 노동권 침해를 더 이상 모른 척하지 말자고, 이방인을 환대하는 기독교 정신을 회복하자고, 그리고 저출산 고령화 위기를 '새로운 시민'의 수용으로 해결하자고 주장합니다.

구체적인 정책 제안들이 담긴 이 책은 이민 사회로의 전환에 대한 더 많은 토론과 논쟁, 그리고 응답을 기다리고 있습니다.

_ 김현미(연세대학교 문화인류학과 교수)

다문화사회와 이민국가라는 지금껏 가보지 않은 미지의 미래를 열어가기 위해 우리는 부단하게 새롭고 창의적인 사회적 해결책을 찾아야 합니다. 이를 위해 정부와 학계뿐만 아니라 시민사회와 종교계까지 참여하는 전방위적 팀워크가 필요합니다.

김봉구 목사가 22년간 다문화 현장에서 경험하고 깨달은 지혜와 정책 아이디어가 담긴 이 책이 더 큰 대한민국을 만드는 데 이바지할 것입니다.

_ 윤인진(고려대학교 사회학과 교수)

전 국토 면적의 12%밖에 되지 않는 수도권에 전체 국민의 50%가 거주하는 과도한 수도권 집중현상으로 인해 저출생, 지역소멸 등이 국가적 난제로 등장하였지만 쉽게 해결책을 찾지 못하고 있습니다.

오랫동안 이민정책을 연구해오고, 다문화 현장에서 활동해온 김봉구 목사님의 역저 『다문화 국가로 가는 길』은 가뭄의 단비처럼 한국사회가 지향해야 할 정책 방향을 잘 제시해주고 있습니다.

이민국가와 이주민정책에 대해 연구하는 분들뿐만 아니라 한국의 미래를 걱정하는 모든 분들의 필독을 권합니다.

_ 김영진(대전세종연구원장)

우리가 살아가는 한국사회는 이미 1990년대부터 외국인노동자들이 유입되기 시작하면서 다문화, 다인종 사회로 변화하고 있습니다. 또 언제부터인가 난민들이 자유를 찾아 우리 사회에 조금씩 정착하고 있습니다. 더 이상 우리 사회는 단일민족이라는 신화로 지탱되고 있지 않습니다. 이제 250만여 명의 외국인들이 노동자, 결혼이주자, 유학생, 난민 등으로 한국에 들어와 우리 사회 곳곳에서 중요한 역할을 담당하며 우리와 함께 살아가고 있습니다. 오래전에 보다 나은 삶을 찾아 외국으로 너도나도 이민을 떠나던 시대에서 코리안 드림을 찾아 외국인들이 거꾸로 한국으로 이민을 오는 시대가 되었습니다. 이민을 보내는 국가에서 이민을 받는 나라가 된 것입니다. 이런 변화된 현실에서 다문화 시대를 위한 특별한 관심과 지원이 요청되고 있습니다.

이번에 『다문화 국가로 가는 길』이라는 책을 출판하는 김봉구 목사는 22년이나 이 분야의 사역을 감당해온 전문가입니다. 2019년에는 삼성재단의 호암상을 수상함으로써 이주민들을 위한 그의 공헌과 헌신이 널리 알려진 바 있습니다. 그는 다문화 사역을 시대적인 과제로 인식하고 어려운 여건에서도 꿋꿋하게 이 일에 매진해왔습니다. 특히 이번에 세 번째로 출판하는 책을 통해 그는 자신의 전문 영역을 이주민 정책과 지방소멸의 문제까지 넓혀 폭넓게 정리하고 있습니다. 김봉구 목사는 현장에서 다양한 외국인들을 만나며 직접 경험한 바를 토대로 이 책을 저술했습니다. 이 책에는 다문화 현실에 대한 단순한 이론이 아니라 현장과 관련된 귀중한 통찰과 제안이 제시되고 있습니다.

최근 18명의 외국인노동자가 화재로 인해 사망하게 된 경기도 화성의 아리셀 공장 참사에서 보듯이 우리 사회는 여전히 외국인

노동자를 인간으로 대접하지 않고 있습니다. 이들은 그토록 위험한 현장에서 일하는데도 폭발 위험성이나 비상 대피 경로조차 몰랐다고 합니다. 이는 우리 사회 곳곳의 가장 열악한 환경에서 힘들게 일하고 있는 외국인 노동자들의 비인간적인 현실을 잘 보여주고 있습니다. 이제 그들을 잠시 이 땅에 머물다 가는 손님이 아니라 함께 살아가야 할 소중한 이웃으로 대우해야 할 때입니다. 그들을 단순히 우리 사회의 부족한 노동력을 메우기 위해 데려온 임시 인력이 아니라 함께 이 사회를 만들어나가야 할 동료 시민으로 생각해야 할 때입니다. 이런 인식이 확산된다면 저출산, 고령사회에 들어선 대한민국에 새로운 희망이 생기게 될 것입니다.

무엇보다 이런 시대적인 변화를 이끌어내려면 다문화 현실에 대한 정확한 인식과 관점의 전환이 필요합니다. 이 중요한 시점에 김봉구 목사의 책은 다문화 관련 분야에 종사하는 분들뿐만 아니라 우리 모두에게 새로운 도전과 큰 도움을 주리라 생각합니다. 다민족, 다문화 이민국가를 향해 나아가고 있는 우리 현실에서 새로운 길을 모색하는 모두에게 이 책을 적극 추천합니다.

_ 이정순(목원대학교 신학과 교수)

2002년 저자인 김봉구 관장이 외국인노동자센터를 설립한다고 했을 때를 기억합니다. 저도 회칙이며 이러저러한 자문을 하느라 같이 설립 준비회의를 하던 기억이 납니다.

그때 대전지역에 이미 많은 외국인노동자들과 결혼이주여성들, 유학생들이 생활하고 있었지만, 그들은 관심 밖의 이방인이었습니다. 그런 상황에서 김관장이 이들이 한국에서 잘 적응하고 정착할 수 있도록 지원하는 센터를 설립하고, 이들을 위한 무료진료소를 연다고 했을 때, 고생길을 왜 가냐며 다들 말리고 싶은 심정이었을 것입니다.

그런데 불과 20여 년 만에 한국에 거주하는 외국인이 인구대비 5%에 달하는 등 이들 외국인들이 당당히 한국 사회의 한 구성원으로 자리를 잡았고, 조만간 인구대비 10%인 500만 명까지 증가가 예상돼 다문화국가를 넘어 이민국가로 나아가는 것이 현실이 되었고, 김관장이 오래전에 시작한 일이 선각자적인 혜안에서 나온 일임이 분명해졌습니다. 더욱이 그 일을 공적부분에서의 특별한 지원 없이 오롯이 김관장 주변의 민간의 힘으로 끌어왔다는 것이 더욱 놀라운 일이 아닐 수 없습니다.

한국은 젊은 세대들이 미래에 대한 희망을 접으면서 아기를 낳는 것뿐만 아니라 결혼마저도 기피하면서 심각한 인구절벽을 우려하는 상황이 되었고, 힘든 노동을 요하는 직업에 대한 기피 현상이 만연하면서 농업뿐만 아니라 제조업 등의 분야에서 노동력 부족 현상이 심각해지고 있습니다.

저자는 이 책에서 위와 같은 현실을 타개하기 위한 가장 현실적인 방안으로 이민국가로 나아갈 수밖에 없다는 점을 현실로 받아들이고, 오히려 이를 대한민국이 한 단계 더 도약할 수 있는 기회로 삼아야 한다고 호소하며, 더 나아가 아시아평화 경제공동체와 세계평화부 등 그것을 실현하기 위한 아주 구체적인 방안들을 하나하나 제시하고 있습니다.

이것은 저자가 20여 년간 외국인들과 함께하며 국내외 현장에서 쌓아온 경험과 이를 바탕으로 치열하게 고민하면서 축적해온 연구성과가 있었기에 가능한 일이었습니다.

이제는 누구도 부정할 수 없는 현실로 다가오고 있는 이민국가로의 여정 속에서 대한민국이 나아갈 올바른 방향을 같이 고민하고, 찾아보기 위해 저자의 세 번째 책『다문화 국가로 가는 길』일독을 권합니다.

_ 김주현(법무법인 양재 대표 변호사)

저자인 김봉구 목사님과 처음 만난 것은 2000년 무렵, 1998년 IMF 외환위기로 거리로 쏟아져 나온 노숙인들을 돌보기 위한 쉼터와 진료소에서입니다. 저는 노숙인들의 건강을 지키기 위해 의사와 약사, 의대생들로 구성된 의료봉사단으로 한 달에 한 번 정도 의료봉사를 하고 있었고, 김 목사님은 쉼터에서 활동하고 있었습니다. 김 목사님이 2년 정도 노숙인 일을 하다가 정부지원도 없는 열악한 외국인노동자 사역을 해야겠다며 2002년 9월 외국인노동자 지원센터를 설립하면서 존경하는 김용우 목사님이 이사장으로, 저는 운영이사로 함께하게 되었습니다. 2003년 5월 대전역 광장에서 외국인노동자 대상으로 거리 건강검진을 한 것을 시작으로 신탄진, 금산, 옥천, 논산, 세종 등 대전 인근지역까지 사업장을 순회하면서 진료와 상담을 진행하였고, 2005년 1월 은행동에 무료진료소 공간을 마련해 일요일 오후 정기적인 진료를 시작하게 되었습니다.

이후 김 목사님의 무료진료 활동은 국내에 그치지 않고 2005년 스리랑카 지진해일 피해지역, 2006년 중국 천진, 2008~10년 한국인과 필리핀인과의 사이에서 태어난 코피노 아동지원 의료봉사 활동까지 이어져 수많은 진료를 함께하게 되었습니다.

초기 외국인노동자센터를 운영할 당시에는 미등록 노동자들이 많아 건강보험 혜택을 받지 못하여 치료비가 많이 들었는데, 그때마다 저자는 불굴의 의지를 보여주셨습니다. 금속공장에서 일하다가 손가락이 절단된 인도네시아 노동자를 후원금 모금으로 가족처럼 돌보아 치료해준 이야기, 갑작스런 뇌출혈로 사경에 이른 중국인 노동자를 치료해 안전하게 가족의 품으로 돌아가게 한 사연, 스리랑카 노동자 안과 수술, 파키스탄 노동자 탈장 수술 등 숱한 인류애적 사랑을 베풀어왔지요. 저는 목사님과 함께한 지난 20년 시절을 소중하게 기억하고 있습니다.

지금은 글로벌 세계화 시대라 합니다. 물자와 사람이 자유롭게 국경을 넘나들고 있으며 우리나라에도 250여만 명의 외국인이 국내에서 노동자로, 결혼이주민으로, 다문화 시민으로, 유학생으로 들어와 우리와 이웃으로 함께 생활하고 있습니다.

이와 같은 시대에 김봉구 목사님의 책『다문화 현장이야기』, 『대한민국 다문화 정책 어젠다』에 이은 세 번째 저서인『다문화 국가로 가는 길』은 매우 시의적절한 저서라 할 수 있습니다.

외국인 출신이라 차별받지 않고 내국인과 동등한 시민으로 대접받아야 하며, 국가적 위기라 할 수 있는 인구문제를 해결하는 국가 비전이자 그랜드 플랜으로서 "이민국가론"은 정치인과 행정 관료 등 국가지도자들뿐만 아니라 일반 국민들도 꼭 읽어봐야 하는 저서로 적극 추천합니다.

_ 신현정(대전 외국인무료진료소장)

저자 김봉구 목사는 이방 나그네의 친구로 살아왔고 지금도 그들의 벗으로 살아가는 사람입니다. 이 책은 저자가 순수 민간단체로서 외국인복지관을 설립하여 지난 20여 년간 국내로 입국한 노동자, 유학생, 결혼 이주민, 난민들은 물론이고 자국으로 돌아간 외국인들까지도 현장으로 찾아가 섬기며 그들과의 부대낌과 어울림 속에서 체득한 경험과 사례, 그리고 다양한 통계와 데이터를 기반으로 꼼꼼하게 저술하였습니다.

본서는 인구절벽과 지역소멸이 실시간으로 진행되고 있는 대한민국의 미래를 위한 현실적 대안으로 우리나라가 이민국가로서의 적극적 정책, 정부와 공공의 영역이 구체적이고 실질적인 이주민 다문화 정책을 수립해야 할 설득력 있는 이유와 명쾌한 정책적 대안들을 자세하게 제시하고 있습니다.

한국교회는 본서에서 주장하는 저자의 선교적 대안으로서의 제언과 혜안과 통찰을 수용하여 국내외 융복합선교 정책 수립의 지침으로 삼아야 할 것입니다. 또한 한국사회와 정부는 이 책을 필독하여 이주민과 이민 유입에 대한 문화적 편견과 이질감에서 비롯된 폐쇄성과 배타성을 과감히 접어 버리고, 좀 더 개방적이고 포용적인 사회 분위기 형성과 정책 수립의 도움 자료로 삼기를 권합니다. 이 책의 출간을 진심으로 축하드립니다.

"너희는 너희에게 몸붙여 사는 나그네를 억압해서는 안 된다. 너희도 이집트 땅에서 나그네로 몸붙여 살았으니, 나그네의 서러움을 잘 알 것이다."(출애굽기 23장 9절, 새번역)

_ 김홍선(안산명성교회 목사)

한국은 이미 다문화사회로 진입했지만 한민족 특유의 단일민족의식과 민족적 배타성으로 이민정책에 상당한 애로가 있습니다. 아시아의 이주노동자들이 들어오고, 결혼이주를 시행해오고 있는 나라의 현실을 보자면 이미 이민정책은 운을 뗀 것이나 다름없고, 이민정책을 본격적으로 시행하지 않으면 우리 사회의 장래가 어둡습니다. 최근의 인구통계를 보면 그러한 문제의식을 관통하고 있는 변화를 읽을 수 있습니다. 2023년 인구통계는 한국인 5133만 명, 이주민 253만 명으로 미등록까지 포함한다면 이주민이 300만 명을 상회한다고 봅니다. 해외로 진출한 한국인이 750만 명으로 400만 명 정도의 이민을 받을 만한 숫자는 확보된 것이나 다름없습니다.

단순노동을 하는 정도로 인식하는 이들은 우리 사회의 중핵지대에 전문직 이주노동자들로 진입하고 있고, 이주민 2세들이 성장하여 정착에 성공하고 있는 현실을 직시해야 합니다. 이제부터라도 본격적으로 이민정책을 세우고 중앙정부나 지자체들도 정책 입안을 위한 여론조성과 전문연구자들을 육성하는 결단을 내려야 하겠습니다. 우리 사회가 직면한 구조적 모순인 뿌리 깊은 인종차별의식과 신식민지주의적 편견과 싸움을 벌여야 한국은 이민자들이 정착하기 좋은 나라가 될 수 있습니다.

이주민 문제에 헌신해온 김봉구 목사님이 세 번째 책을 내셨습니다. 이주민 문제를 오랜 세월 다루어오면서 독특한 개성과 독자적인 리더십을 발휘해온 김 목사님의 감수성이 세계와 지역을 연결하는 Glocal의 깊이를 더하여 다양한 대안들을 제시하고 있습니다.

특히 이민문제의 핵심인 정책수립과 이주민 권리를 보장하려

노력해온 만큼 앞으로 더 크게 봉사할 수 있는 귀한 기회가 오기를 희망합니다. 식견도 식견이지만 현안에 대한 선구안이 있는 김 목사님의 정진을 기대합니다. 이민정책의 프런티어로서 사명에 충실한 성장을 축하하며 일독을 권합니다.

_ 이상윤(감리교미래정책연구원장)

김봉구 목사가 외국인 사역을 시작한다고 할 때 누군가는 외롭고 힘든 이방인들의 벗이 되어주는 사역은 꼭 필요한 일로 잘 생각했다는 생각이 들었고, 또 누군가는 후배의 버팀목이 되어줘야겠다는 생각에 초대 이사장을 흔쾌히 맡았습니다.

그런데 김 목사가 불도저 같은 추진력으로 일을 만들어가는 모습을 보면서 총학생회장 출신답다는 생각도 들었고, 한편 겁이 나기도 했어요. 왜냐하면 다 돈이 들어가는 일이니까요. 외국인쉼터, 무료진료소, 어린이도서관, 다문화 레스토랑, 복지관, 해외센터에 이르기까지 하나하나 거침없이 세워 나가는데 진료, 상담, 교육, 명절행사, 바다체험, 성탄행사 등 다 돈이 들어가는 일인데 어떻게 만들어가는지 신기하기만 했죠. 하늘에서 매일 내려주는 메추라기와 만나를 먹는 기적 같은 일들이었어요.

20년간 이 사역을 이름도 없이 빛도 없이 묵묵히 하면서 남은 건 빚밖에 없던, 그러나 신명나게 일했던 김 목사에게 호암상의 영예와 상금 3억은 얼마나 감사했는지 모릅니다. 하늘이 무너져도 솟아날 구멍이 있다더니, 하늘도 감동하셨구나!

나그네를 환대해 축복받은 아브라함의 축복을 경험한 것이죠.

"김 목사, 일 좀 줄여." 말하면 "감독님, 제가 일 욕심이 많아서 이렇게 여러 일들을 하는 게 아녜요. 당사자들이 필요하다고 하니 저는 그 필요에 응답하는 것뿐이에요."

아! 그렇구나, 그들의 필요를 충족시켜주는 환대하는 사역, 진정한 Servant(종)였구나!

언젠가는 눈물로 뿌린 씨앗을 기쁨의 열매로 수확할 것인데, 저 자는 이주민들을 땅 속에 묻혀있는 보배로 여기고 이들과의 교류 협력이 교회도 새롭게 하고, 나라도 살리고, 아시아도 상생하고, 세계평화에도 이바지한다는 묘한 역학관계를 잘 설명해주고 있구나. 고구마 줄기에 고구마가 주렁주렁 연결되어 있는 듯한 이 일들이 이제는 풍성한 수확만 남았구나!

웨슬리 목사님이 왜 "세계는 나의 교구"라고 설파했는지, 예수님은 왜 "땅끝까지 내 증인이 되라"고 하셨는지, 왜 지역에 살면서도 전 지구적인 생각으로 살아야 하는지를 김 목사는 이주민을 대입해 잘 설명하고 있어요.

사도 바울이 2천 년 전 갈 3:28에서 밝힌 "유대인이나 헬라인이나, 남자나 여자나, 종이나 자유자나 다 그리스도 예수 안에서 하나다"라는 고백이 이민국가로 전환하는 한국교회와 우리 사회에 지금 필요한 말씀이라는 저자의 주장대로 하늘의 뜻이 땅에서도 이뤄지는 인류의 평화를 기도합니다.

_ 김용우(전 남부연회 감독)

3. 지역소멸의 대안 이주민정책

4. 세계평화부(인구이민부) 신설 필요성

다민족·다문화·이민국가
이행과 사회적 과제

❶ 한국교회의 이주민선교 현황과 방향

코로나19 팬데믹을 통과하며 수표교포럼은 새로운 시대를 맞
이하는 한국교회의 갱신방향을 지속적으로 다루어왔습니다.
2020년 코로나19 시대의 뉴 노멀로 대표되는 비대면-온라인 문
화의 확산 속에서 교회 갱신의 방향으로 '커넥트 교회'를 논의했
고, 2021년과 2022년에는 저출산·고령화로 인한 급격한 인구 구
조 변화 속에서 시니어 세대와 미래 세대를 온전히 품는 교회 갱
신의 방향을 모색하였습니다.

지난 3년간의 논의 연장선에서 2023년 수표교포럼은 인구감소와 외국인 이주민이 증가하는 시대를 맞이하는 한국교회의 갱신 방향을 모색하고자 합니다.

　　2021년과 2022년 수표교포럼에서 논의한 바대로 현재 한국교회는 성장을 주도했던 세대가 점차 늙어가고, 그 자리를 채울 젊은 세대의 부재가 두드러진 상황에 처해 있습니다. 이는 한국사회의 전체적인 변화와 무관하지 않습니다. 인구 감소 시대를 경제적, 사회적으로 대응하기 위해서는 외국인 이주민을 적극적으로 받아들여야 한다는 논의가 활발해지는 배경입니다.

　　통계청의 2021년 인구주택총조사를 분석한 결과에 따르면, 2021년 11월 1일 기준 국내 거주 외국인 주민 수는 213만 4,569명으로, 우리나라 총인구(51,738,071명) 대비 4.1%입니다. 2019년 222만 명과 비교하면 다소 줄어들었지만 2006년 54만 명(1.1%)이었던 것과 비교하면 그 숫자와 비율은 큰 폭으로 늘어난 것입니다. 중소기업과 농업 분야의 인력 부족과 학령인구 감소가 심각한 상황이기 때문에 앞으로 외국인 근로자와 유학생 유입은 크게 증가할 것으로 예상됩니다.

외국인은 시·도별로는 경기 71만 4,497명(33.5%), 서울 42만 6,743명(20.0%), 인천 13만 4,714명(6.3%), 충남 12만 4,492명(5.8%), 경남 12만 3,074명(5.8%)이 거주하고 있습니다. 시·군·구 단위로 주민 1만 명 이상 또는 인구 대비 5% 이상 거주하는 '외국인주민 집중거주지역'은 총 86곳인데, 경기 23개, 서울 17개, 경남 8개, 충남·경북이 각 7개입니다. 안산(9만 4,941명), 수원(6만 5,885명), 시흥(6만 4,570명), 화성(6만 2,542명), 부천(5만 3,080명) 순으로 상위 5개 지역이 모두 경기도입니다.

총인구 대비 외국인주민 비율은 음성 14.7%, 안산 13.2%, 영등포 12.7%, 영암과 구로 12.5% 순입니다.

외국인 인구 동향에서 주목할 부분은 혼인과 자녀 출생입니다. 지난 2011년부터 2021년 사이 국내 혼인 신고 건수 중 배우자 중 한 명이라도 외국인이거나 귀화자인 경우 비율이 7.2~10.3% 사이였습니다. 2011년부터 2021년 사이 국내 전체 출생아 중 부모 한편이라도 외국인이거나 귀화자인 신생아 비율도 4.5~6%에 달했습니다.

결혼과 출생만 놓고 보면, 한국은 곧 인구의 5% 이상이 외국인인 사회가 될 것이며, 적극적인 이민 정책이 시행되면 인구 10명 중 1명 이상이 외국인인 명실상부한 이민국가 시대가 시작될 것입니다.

이주민 증가는 사회 전반의 다양성을 증가시키는 긍정적인 영향도 줄 것으로 보이지만, 오랫동안 단일민족, 단일문화 의식을 내면화해온 한국인들에게는 거대한 도전이기도 합니다. 청년 실업 문제와 지역·계층·세대 간 갈등이 심각한 상황에서 외국인 증가로 사회적 반목과 문화적 갈등까지 증폭될 우려가 큽니다.

동남아시아나 아프리카계 외국인, 이슬람 종교인에 대한 혐오 문제가 심각한 수준이라는 것을 부정하기 어려운 상황이기 때문입니다. 게다가 이민에 관대한 문화로 알려졌던 유럽 주요 국가가 최근 이민자를 둘러싼 정치사회적 혼란을 겪고 있는 상황을 고려하면, 우리 사회도 이민국가로의 이행을 위해 사회 각계의 면밀한 준비가 필요합니다.

그렇다면 이러한 시대적 변화 속에서 한국교회는 어떻게 이주민을 수용하고, 그들과 함께 복음을 나누고 평화를 누리는 교회를 만들어갈 수 있을까요? 산업화와 민주화를 거치며 고속 성장한 한국교회는 성장 단계를 넘어 성숙 단계에 접어들었다는 인식이 일반적입니다. 인구 감소 시대, 이주민 증가 시대는 한국교회의 성숙을 위한 새로운 기회와 도전을 제공하고 있습니다.

경기도 안산제일교회는 2022년 목회데이터연구소와 함께 안산 거주 10개 국적의 455명 이주민들을 대상으로 종교생활 실태조사를 수행한 바 있습니다. 본국에서의 종교생활과 한국에서 현재 믿는 종교, 종교 만족도 등 종교 실태를 파악한 조사 결과에 따르면, 전체 응답자의 8%만이 개신교이고, 66%가 현재 종교가 없는 상태이며, 71%가 한국에서 전도받은 적이 없는 것으로 나타났습니다.

현재 종교를 갖고 있지 않지만 향후에 종교를 가질 의향이 있다고 응답한 비율은 11%로 매우 낮았습니다. 조사대상자 가운데 기독교 국가 출신이 별로 없는 상황이었지만 개신교에 대한 호감도는 38%로 매우 높은 편이었습니다.

현재 출석하고 있는 종교시설에서 제공하는 서비스로는 '자국민 사귐'이 62%로 가장 높았고, 다음으로 '노동 조건 상담' 25%, '한국어 교육' 21% 등의 순이었습니다.

2023년 10월 29일에 열린 제15차 수표교포럼은 다민족·다문화·이민국가로의 이행이라는 시대적 변화를 이해하고, 그에 따른 한국 교회의 변화 방향을 논의하는 자리였습니다. 민족교회 전통이 매우 강한 한국교회 풍토에서 다민족 국가와 다문화 사회를 받아들이며 외국인 선교에 나서는 일은 쉽지 않은 도전일 수 있습니다. 이번 수표교포럼은 시대 변화에 대응하는 교회의 전략과 구체적인 실행 방안을 모색하는 시간이었습니다.

이 포럼의 발제문 "다민족·다문화·이민사회, 한국교회와 사회적 과제"를 제시합니다.

❷ 국내 외국인주민 현황 및 사역

2002년 당시 재한 외국인은 50만 명가량이었고, 20년이 지난 2023년 현재는 인구대비 5%인 250만 명까지 증가했습니다. 20년간 5배 증가한 것으로, 향후 500만 명까지 증가하는 것은 시간문제임을 예상할 수 있습니다.

인구 대비 유입 외국인이 10% 정도면 다문화국가 또는 이민국가라고 부릅니다. 현재 한국은 이주민 5% 다문화사회에서 10% 다문화국가로 가고 있는 중요한 시기입니다.

법무부의 2023년 통계에 따르면, 코로나19 이전인 2018년 236

만 7,607명, 2019년 252만 4,656명까지 증가했다가 코로나 이후인 2021년에는 195만 6,781명까지 감소했다가 2022년 다시 224만 5,912명, 2023년 7월 245만 3,572명까지 증가한 추세를 알 수 있습니다.

체류외국인 연령 분포를 보면 40세 이하 젊은층이 57.5%를 차지하고, 50세 이하까지는 74%, 60세 이하까지는 87.5%로 경제활동 능력이 높은 젊은 연령대임을 알 수 있습니다.

저는 2002년 살림교회, 외노센터와 쉼터를 동시에 설립한 이후 외국인 주민들의 필요를 충족하다 보니 2005년 외국인 무료진료소, 2008년 이주여성인권센터, 2009년 다문화어린이도서관, 2012년 다문화 레스토랑 I'mAsia, 대전 외국인복지관, (사)러브아시아, (사)러브아시아 필리핀지부·태국지부, 필리핀 한국어센터 등을 설립하게 됐습니다.

2005년 4명의 의사, 한의사, 치과의사, 약사로 시작한 "대전충청 외국인 무료진료소" 의료진은 현재 500명이 넘으며, 매주 일요일 오후 2시부터 무료진료를 합니다. 교회로 비유하면 100배 이상의 부흥을 한 것입니다.

연도	총계	장기체류			단기체류
		소계	등록	거소신고	
2013년	1,576,034	1,219,192	985,923	233,269	356,842
2014년	1,797,618	1,377,945	1,091,531	286,414	419,673
2015년	1,899,519	1,467,873	1,143,087	324,786	431,646
2016년	2,049,441	1,530,539	1,161,677	368,862	518,902
2017년	2,180,498	1,583,099	1,171,762	411,337	597,399
2018년	2,367,607	1,687,733	1,246,626	441,107	679,874
2019년	2,524,656	1,731,803	1,271,807	459,996	792,853
2020년	2,036,075	1,610,323	1,145,540	464,783	425,752
2021년	1,956,781	1,569,836	1,093,891	475,945	386,945
2022년	2,245,912	1,688,855	1,189,585	499,270	557,057
2023년 7월	2,453,572	1,801,477	1,282,639	518,838	652,095

● 체류외국인 연도별 현황

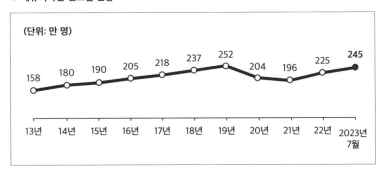

● 2023년 7월 법무부 통계월보 체류외국인 현황

구분	2018	2019	2020	2021	2022
중국	1,070,566	1,101,782	894,906	840,193	849,804
베트남	196,633	224,518	211,243	208,740	235,007
태국	197,764	209,909	181,386	171,800	201,681
미국	151,018	156,982	145,580	140,672	156,562
우즈베키스탄	68,433	75,320	65,205	66,677	79,136
필리핀	60,139	62,398	49,800	46,871	57,452
일본	60,878	86,196	26,515	28,093	46,741
기타	562,176	607,551	461,440	453,735	619,529

● 체류외국인 출신 국가는 중국, 베트남, 태국, 미국, 우즈베키스탄, 필리핀, 일본 순으로 많다.

(2023.7.31. 현재, 단위: 명)

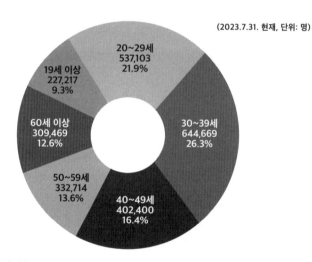

● 체류외국인 연령별 분포도

마태복음 13장 23절에는 "좋은 땅에 뿌려졌다는 것은 말씀을 듣고 깨닫는 자니 결실하여 어떤 것은 백 배, 어떤 것은 육십 배, 어떤 것은 삼십 배가 되느니라", 마태복음 13장 44절에는 "천국은 마치 밭에 감추인 보화와 같으니 사람이 이를 발견한 후 숨겨 두고 기뻐하며 돌아가서 자기의 소유를 다 팔아 그 밭을 사느니라"라고 되어 있고, 45~46절에는 "또 천국은 마치 좋은 진주를 구하는 장사와 같으니 극히 값진 진주 하나를 발견하매 가서 자기의 소유를 다 팔아 그 진주를 사느니라"라고 되어 있습니다.

저는 늘 외국인들은 땅 끝에서 온 감추인 보화요 진주라고 표현하고 있습니다.

매주 일요일 오후 2시부터 무료진료를 하고 있고, 의료진은 교대로 자원봉사를 하는 구조로 봉사 희망자가 많아 한의사나 약사는 1년에 한 번 정도 나옵니다. 이주노동자들은 2004년 고용허가제 도입으로 4대보험 의무화가 된 지 20년이 됐지만 장시간 근무와 휴일 의료기관 휴업으로 건강보험료는 납부하면서 의료서비스는 정부지원 없는 민간단체에 와서 받는 이상한 구조가 바뀌지 않고 있어 아직도 무료진료소를 닫지 못하고 있습니다.

이런 사례를 들더라도 정부의 외국인정책이 얼마나 엉성하고

연 도	2019년	2020년	2021년	2022년	23년 1~6월	전년 대비
총계	17,880,503	2,659,845	1,044,545	3,390,009	4,638,985	427%
사증면제(B-1)	2,053,173	222,306	19,938	663,699	773,187	545%
관광통과(B-2)	7,158,538	939,748	115,029	945,123	2,014,042	1,180%
단기방문(C-3)	5,184,417	503,028	89,288	439,865	656,605	803%
단기취업(C-4)	24,507	12,750	18,193	21,451	11,449	32%
유학(D-2)	291,007	89,414	53,366	111,101	106,076	176%
일반연수(D-4)	84,653	29,048	26,718	41,094	29,477	76%
상사주재(D-7)	9,072	2,045	1,044	2,539	2,388	169%
기업투자(D-8)	42,442	9,252	4,574	13,009	13,380	195%
무역경영(D-9)	8,669	3,169	2,562	3,418	2,654	79%
교수(E-1)	6,904	2,061	964	2,460	1,886	122%
회화지도(E-2)	29,115	11,326	5,376	11,868	9,918	124%
연구(E-3)	9,212	2,569	1,618	4,346	3,146	108%
기술지도(E-4)	1,577	444	233	500	414	96%
예술흥행(E-6)	5,436	1,790	1,934	3,816	3,377	173%
특정활동(E-7)	46,475	12,398	5,827	20,099	21,649	214%
계절근로(E-8)	0	0	565	9,051	17,163	299%
비전문취업(E-9)	151,116	41,992	16,732	135,167	88,758	104%
선원취업(E-10)	11,634	6,325	4,895	9,329	6,799	21%
방문동거(F-1)	97,159	32,329	11,306	46,485	42,254	129%
거주(F-2)	58,425	13,330	3,637	12,238	17,233	378%
동반(F-3)	40,284	13,651	9,254	21,388	15,519	114%
재외동포(F-4)	579,522	112,752	64,246	123,610	157,636	280%
영주(F-5)	177,531	34,140	11,644	24,322	51,681	665%
결혼이민(F-6)	159,499	46,119	15,504	66,847	70,511	251%
방문취업(H-2)	250,655	58,992	53,799	29,480	32,841	222%
기타	1,399,481	458,867	506,299	627,704	488,942	73%

● 체류자격별·연도별 외국인 입국자 현황/2023년 6월 법무부 통계월보

허술하며 빈틈이 많은지를 쉽게 알 수 있습니다. 다 열거하면 책한 권 분량이 될 것입니다. 그래서 대학에서 강의 요청이 있어서 2015년 『다문화 현장 이야기』라는 책에 이런 문제점들을 담았고, 2023년 출간한 『대한민국 다문화 정책 어젠다』에서는 대안을 중심으로 기술했습니다.

이곳 외국인복지관의 다양한 봉사자들은 교인이든 타 종교인이든 가리지 않습니다. 또한 이곳 공간을 이용하는 외국인들 역시 합법인지 불법인지도 따지지도 묻지도 않습니다. 주님의 은혜대로 거저 받았으니 거저 나누는 것뿐입니다.

이곳을 이용하는 외국인들이 묻습니다. "왜 우리를 돕습니까?", "왜 무료로 진료를 해주죠? 왜 무료로 한국어를 가르쳐주죠?", "왜 무료로 추석한마당 잔치를 베풀고, 선물도 주고 풍성한 뷔페 음식도 차려주는 겁니까?"

왜? 처음에 이런 질문을 받았을 때는 저도 당황했습니다. 왜냐고? 뭐라고 대답을 하지? 이들은 현지 국가에서 누구를 도와준 적도, 누구에게 도움을 받은 적도 없는 문화권에서 살아왔던 것입니다.

이주노동자들이 돈을 벌고 비자가 만료돼 돌아갈 때에 이들은 한국에서 이런 문화를 배우고 깨닫고 귀국하게 됩니다. 한국의 정을 나누는 문화 또는 교통질서, 자원봉사, NGO, 성숙한 시민사회와 민주주의 등등 많은 것을 배우고 돌아가게 됩니다.

그리고 자연스럽게 교회에서 베푼 친절과 은혜를 고맙게 여기고 감사인사를 하고 돌아가게 됩니다. 그때 저는 이런 말을 합니다. "당신도 거저 받았으니 거저 나누세요."

처음에 저에게 "왜 호의를 베푸냐"라고 묻던 이분들이 귀국할 때는 그 답을 스스로 깨닫고 돌아간다는 것입니다. 이것은 주님의 은혜요, 한국교회가 장기적인 관점으로 이주민들과 함께하는 세계선교의 새로운 방향을 모색해야 하고, 통전적인 해외선교를 고민해야 하는 이유입니다.

❸ 한국교회(감리교회) 이주민선교 현황과 과제

1. 한국교회는 현재 250만 명의 땅 끝에서 온 이방 나그네 선교를 어떻게 하고 있는가?

출애굽기 23장 9절에서는 "너는 이방 나그네를 압제하지 말라 너희가 애굽 땅에서 나그네 되었었은즉 나그네의 사정을 아느니라"라고 했습니다.

각 교단의 이주민 선교대응은 성결교는 다문화선교위원회, 기장은 이주민선교협의회, 예장은 인권선교협의회, 성공회는 이주민네트워크를 구성하고 있고, 감리교회도 2015년 선교국에 이주민 선교회를 조직하고, 50여 개의 교회와 단체에서 외국인노동자, 결혼이민자, 유학생, 다문화가정을 지원하는 다양한 사역을 하고 있습니다.

2. 주님 말씀처럼 뱀처럼 지혜로운 선교를 하고 있는가?

마태복음 10장 16절에서는 "너희는 뱀같이 지혜롭고 비둘기같이 순결하라"고 했습니다.

그렇다면 지금까지의 고전적인 선교방식은 과연 지혜로운 선교방식인가를 질문했을 때, 저는 단연코 NO라고 말합니다. 허드슨 테일러와 함께 중국 복음화를 위해 헌신하셨던 C.T. Studd에 의해 1913년 창립된 WEC 세계선교회 한국소속 선교사 지망자들이 여러 번 저희 기관을 방문할 때마다 제가 강의한 내용도 '뱀처럼 지혜로운 선교와 그 방안'입니다. 그때마다 한국의 입·출국 외국인과 접목하는 새로운 사역을 강조했습니다.

3. 기독교 교세도 축소사회처럼 감소하는 추세에서 해외 자비량 선교 모델, 즉 대안적인 선교 비전을 갖고 있는가?

『한국교회 미래지도』를 10년 전 출간한 미래학자 합동측의 최윤식 목사님은 당시 한국교회는 여러 사회 요인으로 인해 반의 반토막, 즉 1천만 명의 교인이 250만 명까지 감소할 것이라고 전망했습니다.

감리교회 교세도 150만 명에서 120만 명으로 감소하고 있어 본부에서는 서울연회와 남연회, 경기연회와 중앙연회, 동부연회와 충북연회, 남부연회와 충청연회, 삼남연회와 호남연회를 통합하겠다는 등 축소교회에 맞춰 조직을 재정비할 준비를 하고 있습니다. 앞으로는 더 감소할 것으로 전망하는 게 현실입니다.

1998년 132만 9,437명, 2003년 141만 7,213명, 2006년 150만 7,994명을 돌파했고, 2010년 158만 7,385명 최대치를 기록했고, 교인 150만 명대가 2013년까지 유지하다가 2014년부터 140만 명대로 줄면서 지금까지 감소 추세를 계속 유지하고 있습니다.

2010년과 비교하면 2022년까지 40만 명가량이 감소한 것입니다. 해마다 3만 3천여 명씩 감소한 셈입니다.

5년마다 발표하는 문체부의 2018년 한국 종교현황 보고서에

연회\구분	서울	서울남	중부	경기	중앙	동부	충북	남부	충청	삼남	호남특별	미주자치	합계
지방수	13	18	31	29	21	24	14	24	23	15	8	11	231
교회수	390	413	1,088	791	612	695	409	633	659	437	273	259	6,659
입교인	82,829	104,392	157,954	79,815	59,816	61,520	24.098	56,873	56,574	24,532	12,681	8.334	729,418
세례인	5,987	12.371	26.085	10,869	5,194	4,535	2;223	7.683	4,945	2.691	1,107	767	84,457
세례 아동	7,424	8818	17.095	10,251	5,566	5.089	1,913	5,293	4.664	2,460	1,111	813	70,497
원입인 (성인)	76,183	63,253	34,236	14,216	6,484	10,907	3,407	23,120	9,265	4,022	1,226	957	247,276
원입인 (아동)	8,780	7.453	15,000	9,240	7.955	4,812	2,379	5,981	5,806	3.012	1,155	708	72,281
교인수	181,203	196,287	250,370	124,391	85,015	86,863	34,020	98,950	81,254	36,717	17,280	11,474l	1,203,824
정회원	759	675	1,783	1,122	795	813 (국외57)	442	865	741	459	282	333	9,069
준회원	54	58	98	66	34	19 (국외2)	21	63	42	19	6	20	500
담임서리	3	4	11	13	3	4	5	13	5	10	4	0	75
수련서리 (기관, 군목, 선교사 포함)	48	30	36	32	20	7	7	18	12	1	0	0	211
협동 회원		1	7	0	0	(국외1)	0	2	0	2	1	1	15
원로목사	215	185	268	170	129	130 (국외2)	69	137	199	77	30	39	1,648
국외거주	106	142	16	82	90	62	22	18	.41	29	1	1	610
교역자수	1,185	1,095	2,219	1,485	1.071	1,035	591	1,116	1,042	597	324	394	12,154
총수입 (특별회계 포함)	151,677,933,672	121,206,688,004	280,808,338,271	148,556,242,762	140,026,062,359	105,196,787,846	50,801,087,004	94,084,936,508	69,798,032,803	49,374,423,919	28,941,604,024	$1,155,492,800	1,241,472,057,172+ $1,155,492,800

따르면, 개신교가 967만 5,761명으로 가장 많았으나 1천만 명이 무너졌고, 예장 통합이 278만 9,102명, 예장 합동이 276만 4,428명, 예장 백석대신이 140만 3,273명, 감리회는 133만 4,178명이었습니다.

대순진리회 163만 명, 창가학회 159만 명, 국제도덕협회 일관도 130만 명, 원불교 123만 명이었습니다.

이 보고서에서 15~39세를 대상으로 행복한 삶을 위한 요건을 묻는 질문에 1위가 재산과 경제력으로 27.8%, 2위가 화목한 가정으로 26.4%, 3위가 건강으로 14.2%로 나타났으며, 종교생활은 0.7%로 최하위 9위를 차지했습니다. 15~39세 미만 연령층에서 행복한 삶과 종교의 관계는 매우 미미하다는 것을 알 수 있습니다.

그래서 최윤식 박사님은 10년 전부터 교세가 감소하면 한국교회는 재정 여력이 없어 가장 먼저 해외선교비를 줄이고, 해외 선교사들을 불러들일 것이라고 전망했습니다. 그분의 대안은 사랑의 수고를 통해 감소세를 지연시키는 것이라고 하셨는데 구체적인 대안까지 제시하지는 않았습니다.

4. 제가 생각하는 대안을 말씀드리겠습니다. 제 책 『대한민국 다문화

구분	2015	2016	2017	2018	2019	2020	2021	2022
교인수	1,468,438	1,397,918	1,394,492	1,334,178	1,297,924	1,302,968	1,246,239	1,203,824
변동률	- 1.2% (-17,759)	-5.0% (-70,524)	-0.2% (-3,426)	-4.5 % (-60,314)	-3.7% (-36,254)	0.3% (5,044)	-4.4% (-56,729)	-3.4% (-42,415)
교회수	6,474	6,657	6,721	6,710	6, 695	6,660	6,652	6,659
변동률	-0.7% (-44)	2.7% (183)	1% (64)	-0.2% (-11)	-0.2% (-15)	-0.5% (-35)	-0.1% (-8)	0.1% (7)
교역자수	9,440	9,602	9,840	9,888	9,949	9,784	10,023	10,506
변동률	0.5% (44)	1.7% (162)	2.4% (238)	0.5% (48)	0.6% (61)	-1.7% (-165)	2.4% (239)	4.8% (483)

● 기독교대한감리회 2022년도 교세 현황

정책 어젠다』에도 실은 내용입니다만, 축소교회에 맞는 해외 자비량 선교가 가능한 모델은 이주민과 함께하는 프로젝트입니다.

한국으로 입국 전 한국어교육 등 현지 국가에서 사전교육을 하면서 동시에 적금조합 교육도 함께하는 것입니다.

이주노동자들 월급 중 일부를 적금으로 적립해 향후 적금조합에서 공동사업을 통한 일자리와 소득창출을 만들어내는 모델입니다. 향후 정부의 ODA(공적개발원조) 사업과 기업들의 해외사회공헌과 협력하는 정부 차원의 큰 틀의 해외원조사업과 해외선교사업이 만날 수 있습니다.

민선, 관선 대전광역시장을 세 번 하시고, 지난 정부 때 새마을 운동중앙회 회장(부총리급)을 역임하셨던 분에게 이 공약을 드렸더니 본인은 엄두가 나지 않는 큰 프로젝트로 대통령 5대공약 정도로 추진해야 할 큰 사업 같다는 평가를 하셨습니다.

한국의 공적개발원조 ODA(Official Development Assistance)는 일본 것을 모방해왔습니다. 그러나 일본만한 위력을 발휘하지 못하고 있습니다. 일본의 ODA 규모는 우리의 5배 이상이고 경제력으로 따져도 한국의 2배 이상의 ODA 예산이고, 미국과 일본이 쌍벽을 이루고 있습니다.

정부의 국제개발협력위원회 안은 늘 일본을 벤치마킹하는 데 머물러 있는 현실입니다. 일본은 단기간에 가까운 아시아 해외원조를 통해 원활한 원자재를 확보함과 동시에 수출시장을 확보해왔습니다.

일본을 이기기 위해선 일본 것을 카피하는 수준을 넘어서야 합니다. 정부도 인정하고 있는 종합전략의 부족을 어떻게 극복할 것인가에 대한 이렇다 할 묘안이 없는 상황입니다. 돈은 돈대로 쓰면서도 효과성은 없다는 얘기입니다.

저비용 고효율을 위해서는 해마다 한국 노동부와 고용허가제

MOU를 체결한 16개 국가에서 25만 명씩 들어오고 나가는 이주
노동자를 활용하는 방안을 적극적으로 모색해야 합니다. 일본이
갖고 있지 못한 한국의 강점은 바로 이 16개 국가 출신의 이주노
동자들과 협력하는 방안입니다.

연 100만 명 입국자 + 현지가족 = 연 200만 명 통장 발급

1. 17개 국가 노동자 연 17만 명 입국 ×

1인 연 2,400만 원 월급 = **연 4,080억**

2. H2, F4 50만 명 × 연 2,400만 원 = **1조 2천억**

3. 결혼이민 F6 15만 명 × 연 2,400만 원 = **3,600억**

4. 유학생 D2 20만 명 × 연 2,400만 원 = **4,800억**

연합계 = 2조 4,480억

17개 국가에서 E9 등 연 1만 명씩 입국자 중

1. 10% ⇒ 17개 국가 × 1천 명 = 17,000명

1인 적금 × 3년 × 100만 원 = 3,600만 원

100명 = 36억, 1천 명=360억 × **17개 국가 = 6,120억 적금,**

2. 17만 명 × 3,600만 원(3년) = **6조 1,200억(연 2조 400억)**

3. H2, F4 노동자 50만 명 × 연 1,200만 원 = **6조**

2+3 = 8조 400억+2조 4,480억 = 연 10조 4,880억

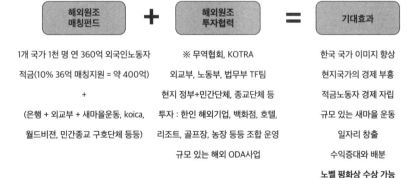

1개 국가 1천 명 연 360억 외국인노동자

적금(10% 36억 매칭지원 = 약 400억)

+

(은행 + 외교부 + 새마을운동, koica,

월드비전, 민간종교 구호단체 등등)

※ 무역협회, KOTRA

외교부, 노동부, 법무부 TF팀

현지 정부+민간단체, 종교단체 등

투자 : 한인 해외기업, 백화점, 호텔,

리조트, 골프장, 농장 등등 조합 운영

규모 있는 해외 ODA사업

한국 국가 이미지 향상

현지국가의 경제 부흥

적금노동자 경제 자립

규모 있는 새마을 운동

일자리 창출

수익증대와 배분

노벨 평화상 수상 가능

이것이 미래성장 동력의 하나요, 일본보다 적은 ODA 예산으로도 국제개발사업에서 일본을 앞서고 아시아 국가들과 상생하는 길입니다. 이 일을 위해 창구 단일화를 위한 세계평화부(인구이민부) 신설을 제안하는 것입니다. 물론 한국교회가 이 일을 해외 선교사나 현지 한인교회를 통해 먼저 시작할 수도 있는 사업입니다.

❹ 다문화선교 활성화 방안

1. 감리회 이주민선교위원회 활성화

본부와 선교국은 현재 유명무실한 이주민선교위원회를 활성화시킬 방안을 모색해야 합니다. 다문화관련 사역을 하고 있는 교회와 기관의 소통과 교류, 교육, 재생산 네트워크를 활발하게 진행시켜야 합니다. 이미 국내선교사 제도를 도입했고, 사회선교사 제도 도입도 진행하고 있으나 제도만큼 중요한 것은 변화하는 시대에 맞게 국내외 융복합 선교방향을 잡고 통전적인 선교로 나아가는 것입니다. 그것이 뱀처럼 지혜로운 선교방식을 찾는 지름길입니다.

2. 다문화선교위원회 설립

총회 산하의 다문화선교위원회를 구성해 본부 차원에서의 중장기적인 다문화선교 로드맵 구성, 다문화선교 관심유도 및 확대, 다문화사역단체 자매결연 후원, 인적 물적 자원 확보, 국내외 네트워크를 통한 해외선교의 효율성 증대와 자비량 선교 방안 등을 꾀해야 합니다. 늦은 감이 있지만 앞으로 교회의 다문화선교는 선택이 아닌 필수입니다. 미래 시대를 대비해야 합니다.

3. 각 연회에 다문화선교위원회 구성

각 연회에 별도의 다문화선교위원회를 구성하거나 연회 산하나 사회평신도부 산하에 설치해 외국인노동자, 다문화가정, 유학생 등의 이주외국인선교 활성화를 모색하고 실천해나가야 합니다.

중앙정부, 지방정부가 외국인근로자 지원센터, 다문화가족 지원센터, 이주여성쉼터, 일자리창출사업 등을 지원하고 확대하는 상황에서 연회나 교회, 단체에서 정부의 위탁사업을 운영하게 되면 이주민선교에 매우 효율적일 뿐만 아니라 사회영향력도 확대할 수 있습니다.

현재 다문화선교위원회는 남부연회에만 특별위원회로 조직

구분	나라명	가정	인원
동북아시아	대만	17	30
	몽골	18	29
	일본	51	88
	중국	77	88
	한국(국내이주민선교사)	2	2
	계	165	284
동남아시아	말레이시아	34	65
	싱가포르	5	9
	인도네시아	28	49
	필리핀	72	129
	계	139	252
인도차이나	태국	45	84
	캄보디아	39	70
	베트남	14	28
	미얀마	13	22
	라오스	21	37
	계	132	241
서남아시아	네팔	25	42
	방글라데시	9	14
	스리랑카	16	28
	인도	33	57
	파키스탄	6	12
	계	89	153
중앙아시아	우주베키스탄	-	-
	카자흐스탄	8	16
	키르기스스탄	9	16
	타지키스탄	3	5
	계	20	37
러시아 및 동유럽	러시아	13	24
	루마니아	4	6
	아르메니아	1	2
	헝가리	1	2
	우크라이나	2	4
	불가리아	2	4
	조지아	4	6
	계	27	48
서유럽	영국	1	1
	프랑스	1	2
	계	2	3
북미	미국	11	21
	캐나다	3	6
	계	14	27
중남미	멕시코	5	10
	과테말라	3	5
	니카라과	2	3
	도미니카공화국	3	4
	쿠바	4	8
	에콰도르	3	6
	파라과이	4	7
	아르헨티나	1	2
	페루	2	3
	칠레	1	2
	브라질	2	3
	볼리비아	2	3
	계	32	56
아프리카	에티오피아	1	1
	남수단	1	2
	케냐	11	20
	탄자니아	11	16
	우간다	4	7
	르완다	3	5
	브룬디	1	2
	잠비아	4	7
	남아프리카공화국	13	23
	레소토	1	2
	나미비아	-	-
아프리카	모잠비크	5	10
	에스와티니	1	2
	말라위	3	5
	세네갈	2	4
	토고	2	4
	가나	1	2
	코트디부아르	3	4
	마다가스카르	3	4
	시에나리온	1	1
	부르키나파소	1	2
	짐바브웨	1	1
	계	71	122
중동 및 북아프리카	이스라엘	2	4
	튀르키예	11	18
	모리타니아	1	1
	모로코	2	3
	요르단	4	6
	레바논	1	2
	아랍에미레이트	1	2
	오만	1	2
	튀니지	1	2
	이집트	4	7
	계	28	47
오세아니아	뉴질랜드	2	3
	솔로몬군도	1	2
	호주	9	15
	피지	3	6
	사이판	1	2
	괌	1	2
	계	16	30
총계		735	1,300

12지역 / 82개국 / 735가정 / 1,300명

● 2023년 감리교회 해외 파송 선교사는 104개 국가에 735명

되어 있으며, 연간 4백만 원의 소액 예산으로는 턱없이 부족한 상황입니다.

4. 다문화선교주일 제정을 통한 다문화사역 지원

5월은 가정의 달로 아시아주일이 있고, 정부는 20일을 세계인의 날, 그 주간을 다문화주간으로 지정하고 있습니다. 5월에 다문화선교주일을 제정해 교회가 외국인노동자, 유학생, 결혼이민자, 다문화아동, 다문화가정, 난민 등 외국인주민들을 돌아보며, 이들을 지원하는 교회와 관련단체를 지원할 필요성이 있습니다.

또는 12월 10일 UN이 정한 세계인권선언일, 18일 세계 이주민의 날을 성탄절과 연계해 다문화선교주일로 제정할 수도 있습니다.

5. 총회주일 또는 사회선교주일 제정

다문화선교주일 제정이 현실적으로 회의적이라면 총회주일 또는 사회선교주일을 제정해 사회선교와 다문화선교 교회와 단체들을 함께 지원하는 방안도 있습니다.

4월 1주 부활절에 선교주일, 6월 2주 환경선교주일, 9월 4주 농촌선교주일로 지키고 있으나 사회선교주일, 인권주일, 다문화선교주일은 없는 상황입니다.

예장합동은 총회주일에 세례교인 1인당 1만 원 강제조항으로 연 50억 원을, 통합은 9월 1주를 총회주일로 지키며, 비강제로 연 15억 원을 총회로 보내고 있는데 이 헌금은 본부사업과 이웃을 돌보는 사회선교 등에 사용하고 있습니다. 총회주일에 본부는 공동예배문, 설교문, 기도문, 기도제목을 각 교회에 배포하고 있고, 본부에서는 총회주일헌금 외에 일체의 헌금을 걷지 않아 효율을 극대화하고 있습니다. 성결교회는 개교회 경상비 2.2% 연 90억 원을, 감리교회는 경상비 1% 연 75억 원을 운영비와 사업비에 사용하고 있습니다.

예장 합동이나 통합의 제도를 벤치마킹할 필요성도 있습니다. 합동처럼 1년에 1회 총회주일을 제정해 대도시 세례교인 1인당 1만 원, 지역교회는 5천 원씩 헌금을 의무화해 20~30억 원의 재원을 확보하여 사회선교, 선교단체 사역지원 등에만 사용한다면 사회선교의 극대화, 사회적 여론형성, 사회영향력 확대 등의 큰 결실을 맺을 수 있을 것입니다. 총회주일은 부활절, 추수감사절, 성탄절과 연동할 수도 있습니다.

6. 3개 신학대에 사회선교(다문화선교) 필수과목 설치

3개 신학대 학과목에 다문화선교를 포함한 사회선교 과목을 필수적으로 설치하게 해 신학생들로 하여금 존 웨슬리의 사회참여 전통계승, 사회선교의 중요성과 관심, 사회선교기관 탐방, 해외탐방, 자원봉사활동 등의 다양한 과정을 체험하게 함으로써 글로컬(Glocal) 일꾼들을 양성해야 합니다.

7. 모든 교회에서의 이주민들과의 접촉점 확장

예배나 모임이 없는 시간에 교회 빈 공간을 한국어교실로 활용하고, 유휴 교인들을 한글 자원봉사로 활용함으로써 서로의 필요 충분조건을 맞출 수 있습니다. 또한 교회를 개방할수록 많은 외국인주민들이 종교의 벽을 넘어 자연스럽게 교회를 경험하게 되며, 이로부터 선교가 시작되는 것이기에 외국인들과 접촉점을 갖는 것은 매우 중요합니다.

절기 행사 때마다 다양한 국가 버전으로 예배를 드리는 방안도 있습니다. 준비 과정에서부터 미래 세대들에게 글로컬을 경험하는 교육 효과도 얻을 수 있습니다.

명절에 외국인 잔치, 지역 나들이(한국문화체험), 유학생 장학금,

이주여성 친정방문 지원, 다문화아동 외갓집 나들이 지원, 김장김치 나눔 등 1년 내내 다양한 외국인주민과 함께하는 행사를 진행할 수 있습니다.

또한 해외 비전트립이 교회에서 만나는 외국인들 고향이나 지역으로 갈 수도 있기 때문에 많은 외국인들을 만날수록 해외선교 영역도 계속 확대됨으로써 땅 끝 선교가 무엇인지를 온 교인들이 경험하게 됩니다.

❺ 대안 - 이민청 신설과 세계평화부(인구이민부)

1. 제가 세계평화부(인구이민부)를 제안하면 늘 듣는 질문이 "그런 부처가 다른 나라에도 있나요?"입니다. 물론 세계평화부라는 명칭을 쓰는 나라는 없습니다. 그러나 이민부는 이민국가인 영국, 프랑스, 호주, 캐나다, 뉴질랜드, 싱가포르 등등의 국가에는 이미 있는 정부 부처입니다. 또한 인도네시아, 미얀마, 키르기스스탄에도 이민부가 있습니다. 영국은 2018년 고독부를 신설했고, 일본도 2021년 고독부를 신설했습니다. 또 영국에는 국제개발부가 있는데 이처럼 인구이민부의 다른 이름으로 세계평화부를 이해하시면 됩니다.

그래서 중장기적으로 이민국가를 생각하면 현재의 윤석열 정

부가 추진하는 이민청 신설보다는 인구이민부 신설이 더 현실적인 방안입니다.

왜 그럴까요? 현재 외국인주민 250만 명, 그리고 해마다 증가하는 입·출국자를 관리하는 법무부 출입국·외국인정책본부 인원은 2022년 12월 기준 행안부 통계에 따르면 2,698명입니다. 이것은 80만 명의 외국인을 관리하는 홍콩과 비슷한 수준으로, 한국의 법무부는 홍콩에 비해 3배나 많은 외국인출입국 업무를 보고 있는 것입니다.

그래서 본부를 이민청으로 승격하는 것인데, 향후 500만 명까지 증가할 것으로 예상하는 상황에서 이민청으로 감당할 수 없다는 것은 누구나 다 예측할 수 있습니다. 결국 인구이민부로 가기 위한 과도적인 이민청인 것입니다.

여기서 중요한 것은 신설되는 이민청이 250만 명의 외국인주민 컨트롤타워 역할을 할 수도 없다는 것입니다. 그래서 인구이민부입니다! 더 정확히 국익을 위해서는 세계평화부를 신설하는 것이 현명한 방안이라고 주장하는 것입니다.

2022년 외교부는 재외동포재단을 승격시킨 재외동포청을 인천에 설립했습니다. 현 정부는 장기적으로 여성가족부를 폐지한다는 방침이고, 150만 다문화가족 업무는 보건복지부로 넘어갈 예정입니다. 결국 법무부가 신설하겠다는 이민청은 출입국·외국인정책본부가 승격하는 것, 그 이상도 이하도 아닌 상황입니다.

250만 외국인주민 컨트롤타워는 이민청과 무관하게 됐습니다. 전 세계 750만 해외동포들과 유기적인 융복합 정책도 시도하기 어렵습니다. 인구대비 10%인 이민국가 준비도 이민청이 하기에는 역부족입니다. 돌아 돌아 제자리, 결국 이민청은 요란한 변죽만 울린 채, 돌고 돌아 제자리인 도돌이표가 되는 것입니다.

이 상태로 이민청이 신설되더라도 이민국가를 준비하거나 외국인주민 총괄부서인 법무부가 컨트롤타워 역할을 하기는 어렵습니다. 결국 시간이 흘러 흘러 또다시 인구이민부 신설이 대두될 것이고, 그랜드 디자인이 없는 한 세계평화부는 논의조차 안 할 공산이 큽니다.

한국교회도 이런 인류보편의 가치인 평화, 성서의 평화사상을 민족 또는 국가 안에 가두고 있어 세계평화론으로 나아가지 못하고 있지 않나 생각합니다.

일찍이 다석 유영모와 씨알 함석헌 선생은 그의 생명과 평화사상에서 씨알(민중)이 국가의 주인인데 국가주의, 당파주의, 종파주의가 세계평화로 나아가는 데 방해물이라고 지적했습니다. 더 나아가 우주생태평화를 하나님의 형상을 회복하는 주체성으로 보고, 생명과 평화를 가로막는 모든 장벽들을 반평화, 반생명 세력으로 규정했습니다.

또한 진정한 세계구원은 나, 우리, 국가라는 울타리 안에 가두어서는 안 되며, 우리만 천국에 간다는 것은 매우 교만한 생각으로 그것은 진정한 신앙이 아니라고 했습니다. 원수까지 사랑하라는 성서의 가르침대로 예수를 팔아먹은 가룟 유다조차 지옥에 가두는 것은 잘못된 것으로 그도 구원받을 천국 씨알이요, 일제에서 해방된 조국도 자주독립국가로서 일본도 세계구원의 일원으로 받아들이는 게 진정한 평화라고 했습니다. 씨알 함석헌 선생이

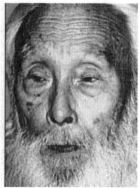

● 다석 유영모(1890~1981)와 씨알 함석헌(1901~1989)

일찍이 개인의 평화, 동북아 평화, 세계평화, 더 나아가 우주평화
까지 설파했다는 점은 그의 탄생 122주년을 맞은 2023년에 한국
교회에 주는 교훈이 크다 하겠습니다.

2. 한국교회와 세계평화부(인구이민부)**가 할 수 있는 프로젝트를 제안해
보겠습니다.**

　매년 국내로 들어오는 노동자, 결혼이민자, 유학생은 100만 명
가량으로 이들 아시아 20개 국가에 한국어교육센터를 각각 5개씩
총 100개를 세우는 데 100억을 투자합니다.

　베트남을 예로 든다면 하노이, 하이퐁, 나트랑, 다낭, 호치민 5

곳에 5억, 총 20개 국가에 100억을 투자하면 한국은 훨씬 많은 투자효과를 볼 수 있습니다.

이들이 한국 입국 전 한국어시험을 봐야 하는데 현지 수도를 빼고는 한국어를 가르치는 곳이 부족한 상황입니다. K-컬처 한류의 핵심은 한국어로, 한국어를 배우는 아시아인들이 많아지는 것은 결국 한국에 도움이 됩니다.

아시아는 45억이 사는 세계 최대시장이나 상권은 이미 일본과 중국이 장악하고 있습니다. 아시아 시장 공략은 지금이라도 정부와 기업, 교회들이 더 적극적으로 달려들어야 할 일입니다. 그 교두보가 바로 한국어센터입니다.

매년 한국 입국 전 교육-한국 체류와 귀국 과정에서 이들을 한류 전도사로, 한국산 제품의 소비자로 만들 수 있습니다. 투자 대비 효과가 높은데 그 어느 기업도, 교회도 손을 안 대고 있습니다. 고작 정부가 국가당 한 곳 운영하는 세종학당이 전부로, 이를 확대 운영하자는 제안입니다.

가까운 동남아에 가보면 온통 일제차와 중국 제품들이 넘쳐나 여기가 일본인지 동남아인지 구분이 안 될 정도입니다. 45억 아시아는 우리와 제일 가까운 지역이요, 한국은 수출주도형 국가인데

구분 Classification	합계 Total	고위공무원 SCS	3급 GR3	4급 GR4	5급 GR5	6급 GR6	7급 GR7	8급 GR8	9급 GR9
계 Total	144,098	1,131	855	6,576	16,432	34,971	45,433	22,574	16,126
고위공무원 scs	1,098	1,098							
부이사관 G83			855						
행정직군 Administration Service Groups	104,443			4,849	11,720	25,801	32,262	17,126	12.685
서기관 G84	4,672			4,672					
감사 Inspector	728			177	301	181	69		
검찰 Clerk for Public Prosecutor	6,170				477	1,612	2,120	1,144	871
관세 Customs Duty	3,941					1,058	1,309	806	768
교정 Correction	15,266				353	3,477	5,958	2,973	2,505
마약수사 Drug Investigation	277				20	77	90	64	26
방호 Security	1,247				1	23	556	376	291
보호 Probation	2,817				255	504	867	634	557
사서 Libearian	826				103	363	216	126	18
사회복지 Social Wellare	188				45	36	49	46	12
세무 Tasation	20,243					5,361	7,469	4,520	2,893
직업상담 Job Consultation	1,681					162	1,125	129	265
철도경찰 Rilroad Securit	514				7	142	209	107	49
출입국관리 Immigation	2,698				169	479	886	673	491
통계 Statistics	1,733				142	412	688	346	145
행정 Administration	41,442				9,847	11,914	10,651	5,182	3,848
기술직군 Technical Service Groups	33,639			1,727	4,712	8,823	9,638	5,301	3,438
기술서기관 Technical GR4	1,727			1,727					
간호 Nursing	1,351				25	462	397	467	
간호조무 Nursing Assistant	542					10	320	82	130
공업 Intiustry	5,551				1,230	1,433	1,511	692	685
기상 Metepeological	1,011				141	270	329	162	109
농업 Agricultural	2,033				312	591	610	395	125
방송무대 Brcaticrasting & Stage	232				21	93	84	26	8
방송통신 Broadcasting	1,849				367	648	432	233	169
방재안전 Disister Minagement	157				40	41	47	23	6
보건 Heath	1,074				157	234	296	183	204
수의 Veterinsey	461				99	232	130		

● 행정·기술·관리운영직군 직렬별 현원 Current Number of General Service

	현지국가 →	국내 →	현지국가
내용	한국어교육	각종지원, 선교	귀국 피드백
주체	해외 교회	국내교회	해외 교회
역할	선교국, 지방회	연회, 지방회	선교국, 지방회

도 말입니다.

현지 한국어센터에서 적금사업, 협동조합, 안전교육을 통한 일자리창출과 선순환경제 구축을 통한 지역경제 살리기 프로젝트가 핵심입니다. 한국어센터부터 시작되는 이 사업은 10년이면 새마을운동보다 더 큰 효과를 볼 수 있어 개도국에 매우 적합한 사업입니다.

20년 후 이 사업이 성공한다면 100억으로 20개 개도국을 살렸다는 평가를 받을 수 있는 초대형 프로젝트입니다.

3. 저출생·고령사회, 인구절벽, 지역소멸과 관련해 정부는 2006년부터 지금까지 400조를 쓰면서도 이렇다 할 효과를 못 보고 있습니다. 현 정부에서도 대통령이 당연직 의장인 저출산고령화사회위원회를 운영하고 있습니다만 뾰족한 해법을 못 찾고 있습니다.

행정구역별(시군구)	2022		
	외국인		
	원데이터	전년 대비 증감	증감률
전국	1,752,346	102,379	6.2
읍부	219,686	13,392	6.5
면부	262,288	20,640	8.5
동부	1,270,372	68,347	5.7
서울특별시	360,947	13,867	4.0
부산광역시	55,973	2,639	4.9
대구광역시	38,849	1,893	5.1
인천광역시	110,201	9,822	9.8
광주광역시	32,863	2,366	7.8
대전광역시	26,283	3,020	13.0
울산광역시	26,352	964	3.8
세종특별자치시	7,197	206	2.9
경기도	600,925	29,721	5.2
강원도	27,633	3,051	12.4
충청북도	61,617	4,986	8.8
충청남도	108,619	10,007	10.1
전라북도	44,728	3,681	9.0
전라남도	49,558	5,399	12.2
경상북도	78,148	5,350	7.3
경상남도	96,303	4,467	4.9
제주특별자치도	26.150	940	3.7

● 2022년 통계청 인구총조사 도표 통계를 보면 내국인 인구는 감소하고 있는 반면, 외국인 유입 인구는 증가하고 있음을 알 수 있습니다.

인구학자들은 이 추세대로라면 2100년에 한국 인구는 2천만 명으로 절반 이상 축소될 것으로 통계학적으로 예측하고 있습니다.

통계청은 2070년 인구는 3,766만 명으로 줄고, 노인비율은 46.4%가 될 것으로 전망하고 있습니다. 인구 감소는 미래세대들의 짐이 되기 때문에 우려하는 것입니다. 현재 "인구가 전부다"라는 절체절명의 용어까지 사용되고 있는 실정으로, 민족의 자살이 시작됐다는 우려의 목소리가 나오고 있습니다.

4. 외국인 인구 유입정책은 인구절벽 사회의 주요 대안이 아니라는 일부 학자들 주장에 저는 동의하지 않습니다. 정부와 전문가들이 20년 가까이 400조를 쓰고도 묘안을 찾지 못했을 뿐 아니라 이민국가가 아닌 선진국가는 없기 때문입니다. 미국이 그렇고 룩셈부르크가 그렇습니다. 룩셈부르크는 1인당 GDP가 세계 최고인 13만 달러입니다. 인구 절반이 이민자인 나라로 세계 1위의 이민국가가 바로 룩셈부르크입니다.

OECD 2019~2020년 통계에 따르면, 36개 국가 회원국 중 해외 이민자가 가장 많은 나라는 룩셈부르크가 47.3%로 1위이고, 그다음으로 스위스와 호주 29.7%, 뉴질랜드, 이스라엘, 캐나다, 스웨덴 순이었습니다.

영국은 14%, 미국은 13.6%로 OECD 평균과 비슷했고, 하위 5
개국은 튀르키예, 한국, 일본, 폴란드, 멕시코였습니다.

행정구역별(읍면동)	2022			
	총인구(명)			남자(명)
	원데이터	전년 대비 증감	증감률	원데이터
전국	51,692,272	-45,799	-0.1	25,835,298
읍부	5,098,892	-84,942	-1.6	2,621,409
면부	4,506,486	-27,970	-0.6	2,348,865
동부	42,086,894	67,113	0.2	20,865,024
서울특별시	9,417,469	-54,658	-0.6	4,547,051

● 인구, 가구 및 주택 - 읍면동(연도 끝자리 0, 5), 시군구(그 외 연도)

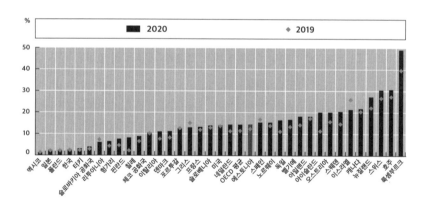

● OECD 국가 이민자 통계 현황

IMF 2023년 10월 통계에 따르면, 1인당 GDP가 높은 순위는 다음 표와 같습니다. OECD 이민자 통계와 비교해보면 이민자가 많은 나라들이 GDP도 높은 선진국가임을 알 수 있습니다.

(자료: 각국 정부 발표, 해외 언론보도 종합)

미국	- 바이든 정부, 전문직 취업비자(+- 1B) '미국 내 연장' 허용 검토. - 미국 대학·대학원 졸업한 유학생 중 STEM(과학·기술·공학·수학) 분야 졸업생은 체류 기간 3년으로 연장.
캐나다	- 2023~2025년간 이민자 150여 만 명 수용 계획. - 2023년 6월부터 기술 및 경력 갖춘 이민자 대상 '신속이민제(Expres Enitry)' 추가 운영, 언어, 교육, 직업군, 연령 등을 점수로 평가해 고득점자순으로 선발.
호주	- 이민심사 점수제 평가기준(연령, 학력, 외국어, 영어 능력 등) 일정 점수 이상을 받아야만 이민 가능. - STEM 및 M 분야 석·박사 학위자는 영주이민 신청 시 가산점 부여.
독일	- 2020년부터 전 세계 숙련 노동자 및 전문가의 이민을 촉진하기 위한 '숙련노동자이민법(FEG)' 시행. - 합법적으로 거주하는 이민자는 시민권 신청 기준이 8년 거주에서 5년으로 단축.
영국	- 2023년 특별재능비자를 '우수인력비자' 제도로 개편. 해외 우수인력에게 글로벌인재(Global Taker) 및 잠재적 인재(High Potential Individual) 비자 발급, 글로벌인재 비자의 경우 리더로 판단될 경우. - 3년 후 영주권 신청 가능.
일본	- 2023년 4월 '특별고도인재(J-SKip)' 비자 도입, 일본 체류 이민자 중 연소득 2000만~4000만 엔 이상, 전문직 근무 경력 5~10년 이상 등 조건 충족하면 5년간 체류 가능. - 2023년 6월 특정 기술을 가진 외국인이 무기한 체류할 수 있는 산업 분야를 기존의 노인요양·건설·조선 3개에서 제조·농업·호텔 등 12개로 확대.

● 해외 주요국 이민정책 현황

인구 절반가량이 해외 이민자인 룩셈부르크는 1인당 GDP가 13만 달러로 부동의 1위를 유지하고 있습니다.

호주는 1인당 GDP 6만 5천 달러로 인구 2600만 명 중 30%가 해외 이민자로 이민정책 활성화 정책이 빛을 발했습니다. 1970년대 인구 1200만 명에서 50년 만에 두 배 이상 높은 2600만 명의 이민국가로 부상했습니다.

외교부는 750만 명의 재외동포들을 위한 재외동포청을 2022년 인천에 신설했고, 법무부는 국내거주 외국인 250만 명 시대에 이민청 신설을 준비하고 있습니다. 다문화가족 150만 명 시대요, 이주노동자, 결혼이민자, 유학생 등 장기체류자는 해마다 100만 명씩 한국으로 입국하고 있고, 그 인원은 인구대비 10%인 500만 시대를 전망하고 있습니다. 인구절벽시대를 맞은 한국이 계속 미뤄왔던 이민사회로 현 정부도 정책방향을 잡고 있습니다. 구더기 무서워 장 못 담그는 염려를 하면서 세월과 예산만 낭비해온 결과입니다.

❻ 현 정부의 외국인주민정책과 성서의 준거

저출생 고령화사회, 인구절벽과 지역소멸과 맞물려 현 정부가 추진중인 정책을 살펴보겠습니다.

1. 행안부는 주민등록증이 없어도 지역 주민으로 인정하는 생활인구 개념을 도입했습니다. 즉 5도 2촌, 또 주민등록이 없는 외국인들도 실제 지역 거주자로 주민에 포함시킨다는 방안입니다.

2007년 행자부는 '거주외국인 지원 표준조례'를 만들어 각 지자체에 하달해 지자체별로 조례를 만든 상황입니다. 그러나 행안부가 예산은 세우지 않아 재정자립도가 낮은 지자체들은 특별한 예산을 세우지 못하고 있습니다.

2011년 행안부는 '지자체 외국인 주민 지원 전담부서 설치 및 인력 확충 방안'을 발표하면서 광역·기초 지자체에 전담부서가 생겨났습니다. 당시 시·군·구의 외국인주민 인구 2,500명당 전담부서 공무원 1명을 배치하도록 제시한 바 있지만 제대로 이행되지 못하고 있고, 행안부는 외국인거점지역 공모사업 정도의 저예산 기조를 유지하고 있습니다.

2. 노동부와 법무부는 기존의 E-9(비전문 취업비자) 외국인노동자에게 영주권을 주지 않기 위해 5년 미만인 4년 10개월 근무 후 출국 후 재

입국 제도를 시행하던 것을 폐지하고, 출국하지 않고 10년까지 연장해 영주권을 부여하는 정책을 추진하고 있습니다.

또한 인력난이 심각한 가사 도우미, 베이비시터, 택배 상하차, 물류센터 등 외국인 고용 요구가 많은 직종까지 취업을 확대했습니다.

노동부는 2024년 16개 국가로부터 송출받는 고용허가제 쿼터 인원을 역대 최대로 늘리겠다는 방침을 발표했고, 향후 지속적으로 확대될 것으로 예상됩니다. 그만큼 중소제조업체의 인력난이 심각해 중기협 등에서 늘 외국인 쿼터 인력을 늘려달라고 정부에 건의하고 있기 때문입니다. 그런데 노동부가 운영하는 외국인 노동자지원센터 2024년 예산 70억 원을 전액 삭감해 논란이 되고 있습니다.

3. 교육부는 2028년까지 외국인 유학생 30만 명 유치 계획을 밝혔고, 탄력적으로 취업을 허용해 졸업 후 취업으로 연계해 영주권을 주겠다는 방침입니다.

현재 유학생은 20만 명 수준이며 기존에는 유학 비자가 만료되면 자동 출국하는 제도에서 취업 비자로 변경시킴으로써 이들의 출국보다는 한국에 정주시키는 방향으로 정책을 선회한 것도 저출생·고령사회 문제 때문으로, 유학생들에게 취업비자를 주고 영주권까지 부여함으로써 인구

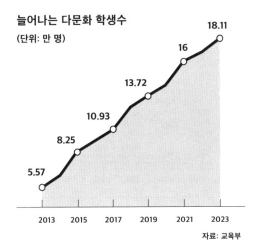

늘어나는 다문화 학생수
(단위: 만 명)

5.57 (2013)
8.25 (2015)
10.93 (2017)
13.72 (2019)
16 (2021)
18.11 (2023)

자료: 교육부

확대 효과를 기대하고 있습니다.

학령인구가 줄어 지방대 등 유학생 확보에 총력을 기울여야 함을 감안할 때, 현재 20만 명에서 5년간 10만 명을 더 유치하겠다는 것은 큰 의미는 없어 보이며, 우수한 외국인력을 충원해 국가 경쟁력까지 높이겠다는 현 정부정책 기조에 비하면 좀 더 적극적인 노력이 필요해 보입니다.

해마다 늘어나고 있는 다문화 학생들을 위한 맞춤형 교육은 미비한 상황으로, 이들의 교육권 문제는 제 책『대한민국 다문화 정책 어젠다』'글로컬 다문화 공립학교' 설립의 필요성을 참조하시기 바랍니다.

(명)

	2014	2015	2016	2017	2018	2019	2020	2021	2022	2023
전체	67,806	82,536	99,186	109,387	122,212	137,225	147,378	160,058	168,645	181,178
초등학교										
중학교	12,506	13,827	15,080	15,945	18,068	21,693	26,773	33,950	39,714	43,698
고등학교	6,734	8,146	9,816	10,334	10,688	11,234	12,478	14,308	16,744	21,190

전체   초등학교   중학교   고등학교

4. 법무부가 농어촌지역의 인력난 해소를 위해서 운영중인 외국인 계절노동자 비자도 기존의 5개월에서 8개월로 확대하고, 그 인원도 지속적으로 확대한다는 방침입니다.

그만큼 농어촌지역의 인력난이 심각하고, 지역특화 비자제도를 통해 전국 지자체의 다양한 외국인력 수요에 탄력적인 맞춤형 비자를 주겠다는 정책입니다.

또한 이민청 신설을 준비하고 있으나 난민 인정률이 2% 수준인 보수적인 입장과 미등록(불법체류) 단속까지 서로 모순적인 업무를 보완해야 하는 과제가 있고, 외국인 주무부처로서 영주권을 주는 사회통합프로그램 등 빈약한 예산도 늘 지적되고 있습니다.

5. 농림축산식품부는 2022년 외국인 계절노동자들에게 주거복지를 제공하는 기숙사 시범사업 공모를 진행해 전남(담양군·무안군·영암군·해남군), 전북(고창군·진안군), 충남(청양군·부여시), 경북(영양군), 경남(거창군) 10곳을 선정했습니다. 유형별로는 거점형 2곳(전남 해남군과 경북 영양군), 마을형은 8곳입니다.

국비 및 지방비 각 50%씩 총사업비 168억 원을 투입했고, 기숙사가 건립되면 거점형은 120명 내외, 마을형은 50명 내외 계절노동자가 생활하게 됩니다.

이 제도는 법무부가 추진하고 있는 농어촌지역 외국인 계절노동자에 한해 농림부가 주관하는 사업으로 노동부가 진행하고 있는 고용허가제 외국인노동자와는 별개의 사업입니다. 즉 노동부 소관의 외국인노동자들이 이용하는 기숙사가 아니므로, 향후 노동부에서도 이와 같은 농림부 외국인 기숙사 사업을 추진하게 될 것으로 예상되나, 아직까지 노동부는 계획이 없는 상황입니다.

6. 여가부는 대통령 공약대로 폐지 수순을 밟고 있어 2024년 4월 총선 이후 국회에서 정부조직법 개정을 통해 진행될 전망입니다.

여가부의 다문화 업무는 복지부로 이관될 계획으로, 각 지자체에 설치한 다문화가족지원센터는 내국인도 이용하는 가족센터로 확대되는 중입니다.

7. 현 정부 대통령실에 종교·다문화 비서관을 신설했습니다. 그런데 임명된 뉴라이트 출신 김○○ 비서관이 위안부 비하 발언 등으로 여론의 뭇매를 맞고 취임하지도 못하고 중도하차했습니다. 2022년 9월, 4개월 만에 사회공감 비서관으로 명칭을 변경했으나, 적임자를 찾지 못해 근 1년간 직무대리로 유지됐습니다.

외교부의 재외동포청 신설, 법무부의 이민청 신설, 여가부 폐지에 따른 다문화가족 업무 이관 등 컨트롤타워 역할을 해야 하는 수장직이 중요한 시기에 1년간 공석으로 방치됐다는 것은 현 정부에게도 매우 안타까운 일이었습니다. 모쪼록 향후 다문화 비서관, 다문화 특보 등이 신설돼 부처간 업무 조율을 해야 정책 효율성을 높일 수 있습니다.

이처럼 윤석열 정부는 인구전략기획부 신설을 추진하는 등 인구 확대를 위해 많은 부처에서 전향적인 정책을 다방면으로 추진하고 있음을 확인할 수 있습니다.

행정구역별(1)	합계(명)			한국국적을 가지지 않은 자(명)					
	소계			소계			외국인근로자		
	합계	남자	여자	합계	남자	여자	합계	남자	여자
합계	2,134,569	1,090,073	1,044,496	1,649,967	906,507	743,460	395,175	311,651	83,524
서울특별시	426,743	193,715	233,028	347,080	162,564	184,516	49,668	29,786	19,882
부산광역시	72,361	35,686	36,675	53,334	28,658	24,676	11,811	10,408	1,403
대구광역시	51,140	24,267	26,873	36,956	19,070	17.886	7,273	6,000	1,273
인천광역시	134,714	67,877	66,837	100,379	54,530	45,849	19.718	15,929	3,789
광주광역시	41,181	19,986	21,195	30,497	16,040	14,457	5,498	4,525	973
대전광역시	33,078	14,148	18,930	23,263	10,474	12,789	2,624	1,861	763
울산광역시	34,800	18,302	16,498	25,388	14,779	10,609	6,041	5,204	837
세종특별자치시	9,335	5,039	4,296	6,991	4,156	2.835	1,908	1,587	321
경기도	714,497	382,426	332,071	571,204	327,605	243,599	151,037	117,437	33,600
강원도	37,230	17,300	19,930	24,582	12,713	11,869	5,398	4,409	989
충청북도	73,529	39,904	33,625	56,631	33,711	22,920	16,392	13,626	2,766
충청남도	124,492	67,153	57,339	98,612	57,610	41,002	28,266	22,847	5,419
전라북도	60,684	29,026	31,658	41,047	21,681	19.366	9,464	7,956	1,508
전라남도	66,871	35,311	31,560	44,159	26.770	17.439	17.007	15,512	1,495
경상북도	98,197	52,290	45,907	72,798	42,978	29,820	21,253	18,516	2,737
경상남도	123,074	70,429	52,645	91,836	58,930	32,906	33,341	29,562	3,779
제주특별자치도	32,643	17,214	15,429	25,210	14,788	10,922	8,476	6,486	1,990

● 외국인주민, 외국인노동자 현황

행정구역별(1)	기타외국인			한국국적을 취득한 자 (명) 소계			2) 외국인주민자녀(출생) (명) 소계		
	합계	남자	여자	합계	남자	여자	합계	남자	여자
합계	554,972	293,756	261,216	210,880	43,467	167,413	273,722	140,099	133,623
서울특별시	111,332	54,530	56,802	44,768	13,418	31,350	34,895	17,733	17,162
부산광역시	18,647	9,420	9,227	6,700	798	5,902	12,327	6,230	6,097
대구광역시	13,804	6,792	7,012	4,902	495	4,407	9,282	4,702	4,580
인천광역시	38,308	20,991	17,317	17,363	4,584	12,779	16,972	8,763	8,209
광주광역시	11,096	5,594	5,502	3,675	295	3,380	7,009	3,651	3,358
대전광역시	8,226	3,597	4,629	3,420	424	2,996	6,395	3,250	3,145
울산광역시	9,076	4,774	4,302	3,494	481	3,013	5,918	3,042	2,876
세종특별자치시	1,941	1,078	863	803	108	695	1,541	775	766
경기도	183,232	102,476	80,756	70,768	17,779	52,989	72,525	37,042	35,483
강원도	8,873	4,314	4,559	4,367	360	4,007	8,281	4,227	4,054
충청북도	19,066	10,359	8,707	6,212	748	5,464	10,686	5,445	5,241
충청남도	32,205	17,294	14,911	9,801	1,362	8,439	16,079	8,181	7,898
전라북도	14,544	6,721	7,823	6,272	370	5,902	13,365	6,975	6,390
전라남도	15,001	7,561	7,440	6,769	372	6,397	15,943	8,219	7,724
경상북도	26,389	13,737	12,652	8,377	603	7,774	17,022	8,709	8,313
경상남도	33,671	19,456	14,215	10,721	851	9,870	20,517	10,648	9,869
제주특별자치도	9,561	5,062	4,499	2,468	419	2,049	4,965	2,507	2,458

● 기타외국인, 한국국적 취득자 현황

행정구역별(1)	결혼이민자			유학생			외국국적동포		
	합계	남자	여자	합계	남자	여자	합계	남자	여자
합계	174,632	36,820	137,812	156,607	74,048	82,559	368,581	190,232	178,349
서울특별시	31,098	10,071	21,027	51,854	27,795	34,059	103,128	50,382	52,746
부산광역시	7,340	1,354	5,986	11,317	5,475	5,842	4,219	2,001	2,218
대구광역시	5,421	919	4,502	6,968	3,594	3,374	3,490	1,765	1,725
인천광역시	12,216	2,963	9,253	5,184	2,495	2,689	24,953	12,152	12,801
광주광역시	3,709	575	3,134	6,184	3,266	2,918	4,010	2,080	1,930
대전광역시	3,472	525	2,947	6,866	3,524	3,342	2,075	967	1,108
울산광역시	3,394	542	2,852	1,649	1,093	556	5,228	3,166	2,062
세종특별자치시	880	171	709	1,279	802	477	983	518	465
경기도	54,467	12,926	41,541	22,358	11,435	10,923	160,110	83,331	76,779
강원도	3,868	394	3,474	4,131	2,545	1,586	2,312	1,051	1,261
충청북도	5,672	806	4,866	3,864	2,256	1,608	11,637	6,664	4,973
충청남도	9,129	1,252	7,877	7,310	3,705	3,605	21,702	12,512	9,190
전라북도	5,903	561	5,342	8,593	5,129	3,464	2,543	1,314	1,229
전라남도	6,685	460	6,225	2,795	1,695	1,100	2,671	1,492	1,179
경상북도	7,924	998	6,926	10,268	5,852	4,416	6,964	3,875	3,089
경상남도	10,525	1,813	8,712	3,950	2,196	1,754	10,349	5,903	4,446
제주특별자치도	2,929	490	2,439	2,037	1,191	846	2,207	1,059	1,148

● 결혼이민자, 유학생 현황

행정구역별(1)	2023.1/4				2023.2/4			
	계	일반고용허가제(E-9)사용업체 수	일반고용허가제(E-9)와특례고용허가제(H-2)병행업체 수	특례고용허가제(H-2)사용업체 수	계	일반고용허가제(E-9)사용업체 수	일반고용허가제(E-9)와특례고용허가제(H-2)병행업체 수	특례고용허가제(H-2)사용업체 수
합계	61,133	49,606	2,376	9,151	61,996	50,841	2,339	8,816
서울특별시	3,214	253	9	2,952	3,114	259	8	2,847
부산광역시	1,391	1,293	34	64	1,448	1,350	33	65
대구광역시	813	760	18	35	841	786	20	35
인천광역시	3,099	2,504	147	448	3,109	2,515	153	441
광주광역시	682	626	19	37	673	622	19	32
대전광역시	204	168	4	32	212	173	3	36
울산광역시	820	670	49	101	857	713	46	98
세종특별자치시	239	188	16	35	241	191	18	32
경기도	24,795	19,270	1,307	4,218	24,918	19,614	1,274	4,030
강원도	1,130	1,048	15	67	1,238	1,149	14	75
충청북도	2,869	2,358	227	284	2,953	2,473	213	267
충청남도	4,926	4,212	266	448	4,978	4,261	271	446
전라북도	2,183	2,091	25	67	2,289	2,206	26	57
전라남도	4,068	3,966	50	52	4,152	4,056	48	48
경상북도	3,160	3,003	57	100	3,269	3,110	60	99
경상남도	6,235	5,928	128	179	6,359	6,057	129	173
제주특별자치도	1,305	1,268	5	32	1,345	1,306	4	35

● 행정구역(시도)/고용허가제 구분별 사업장 수

8. 이주외국인들을 섬기는 것은 성서의 가르침대로 이방나그네를 압제하거나 학대하지 말고 환대하라는 구약시대의 하나님의 요구입니다.(출애굽기 22장 21절)

한국에서 강도 만난 이웃인 이주민들을 돌보는 것은 선한 사마리아 비유로 말씀하신 신약시대의 예수님 가르침입니다.(누가복음 10장 25~37절)

땅 끝까지 이르러 내 증인이 되라는 초대교회의 요구대로(사도행전 1장 8절) 땅 끝에서 온 이주민들을 증인 삼아야 하는 것은 성령시대의 주님의 부탁입니다.

갈수록 증가하는 외국인노동자, 결혼이민자, 유학생, 난민, 다문화가정과 자녀들은 사회 약자층이자 사회안전망 안에서 돌봄이 필요한 우리의 이웃입니다. 한국교회가 이들을 섬기는 일은 하나님의 말씀에 순종하는 것입니다.(신명기 10장 17~19절) 또한 가서 너도 이와 같이 하라(누가복음 10장 37절)는 주님의 부탁이기도 합니다.

민족을 뛰어넘는 그랜드 디자인이 필요하고, 그랜드 디자이너들이 많아야 인류 공생에 이바지합니다.

2019년 8월 문재인 대통령은 남북평화경제로 일본을 단숨에 이길 수 있다는 발언을 하셨고, 북한은 맞을 짓하지 않는 게 현명하다며 미사일을 쏘아댔습니다. 우리민족끼리 벌인 코미디입니다.

대통령은 일본경제를 앞서는 게 극일이라고 생각하시나 봅니다. 일본을 이기기 위한 어떤 전략이 있는지 모르겠습니다. 일본은 이미 경제로 아시아대공영을 하고 있습니다. 신남방정책으로 인도네시아를 방문하셨을 때 인니 자동차 시장의 92%는 일제요, 한국산은 1%가 안 됐습니다. 자동차뿐일까요? 각종 전자제품도 대동소이합니다.

문제는 인니만이 아니라는 점입니다. 필리핀, 베트남, 캄보디아, 라오스, 태국, 인도, 말레이시아 등등 일본은 아시아에 SOC 사업으로 공항, 철도, 항만, 지상철, 도로, 교각, 학교, 병원 등등 무상으로 지어주고 값싸게 원자재를 수입해 고가의 제품으로 시장을 장악했습니다.

그들은 한일전에 일본 편을 들 수밖에 없이 이미 만들어놓았습니다. 한국 SOC 예산은 일본의 5분의 1로 절대적으로 부족하고, 정책도 일본 것을 그대로 카피해 쓰고 있습니다. 말이 신남방 신북방정책이지 예산을 편성하지 않아 개도국에 실제적인 도움도 못 주고, 우방국으로 포용도 못하며, 수출판로 확대로 이어지지도 않는다는 점을 인식해야 합니다.

결국 일본을 이긴다는 것이 경제우위를 점하는 것이란 단순한 생각으로 접근하면 안 되고, 아시아 45억 시장을 일본은 어떻게 장악했나를 면밀히 살피고, 한국은 아시아평화 경제공동체를 어떻게 구현할 것인가라는 중장기전략을 세우지 않는 한 남북평화 경제로 단숨에 일본을 이긴들 무엇하겠습니까?

미국의 인도태평양전략도 아베 신조가 트럼프에게 제안한 것입니다. 일본은 그렇게 세상을 넓게 보고 판을 크게 그리고 있습니다. 한국이 미국에게 아시아태평양 평화경제나 군사안보에 대해 제안한 적이 있나요? 우물 안 민족주의에서 벗어나지 않으면 일본을 제대로 이긴다는 것은 난망한 일 아닐까요?

그래서 2019년 3·1평화운동 100주년을 맞는 뜻 깊은 해에 세계평화부를 신설해 군국주의 일본의 아시아패권은 도덕성이 없다는 것을 세계만방에 고하고, 3·1평화정신을 올곧게 계승해 한반도평화뿐 아니라 아시아-세계평화에 기여하는 자랑스러운 대한민국을 만들어나가자고 제안했습니다.

저출생 · 고령사회의 대안,
이민국가

❶ 독일의 "손님 노동자"에서 교훈을 얻어야

2023년 8월 전북 잼버리가 한국 잼버리가 됐습니다. 전 세계에 국격을 떨어트리는 망신을 당했습니다. 전쟁 참화로 가난했던 나라에서 세계경제 10대 국가로 성장한 기적의 나라, K-한류의 본국에 설레는 마음으로 왔을 전 세계 청소년들에게 큰 상처를 안겨 준 것에 대해 많은 국민들이 미안해하고 안타깝게 생각하고 있습니다.

한국은 정서적으로 손님을 잘 응대하는 문화가 있는 나라요, 정이 많은 국민성이 있습니다. 그래서 외국 손님들에게 미안한 마음을 갖는 것입니다.

한 2주가량 체류하다 돌아가는 외국 손님들에게 뙤약볕에 텐트 살이를 하게 한 정부의 미숙함을 질타하며 미안해하는 마음은 인지상정일 것입니다. 그런데 몇 년간 한국에 체류하며, 부족한 인력난을 해결하며 열악한 환경에서 노동하고 있는 이주노동자들도 귀한 외국 손님이란 인식은 부족한 듯합니다.

아직도 냉난방이 잘 안 되는 비닐하우스에서 살고, 열악한 컨테이너 박스에서 거주하는 이주노동자들이 허다한 게 현실입니다.

대안이 없는 게 아님에도 불구하고 정부의 세심한 정책은 여전히 미흡합니다. 노동부에 여러 번 이주노동자 밀집지역에 공동 기숙사를 마련하는 것이 노동자나 사업주나 정부나 다 좋은 일이고, 장기적으로 보면 국익에도 보탬이 되는 일이라고 제안했지만 아직도 노동부는 요지부동입니다.

현대판 노예제도라고 외국으로부터 비판받던 산업연수생제도를 2007년 폐지하고, 합법적인 노동권을 보장하는 고용허가제를 시행한 지 20년이 돼 2023년 8월 부산에서 국제콘퍼런스까지 하고 있지만, 노동부는 아직도 값싼 노동력으로 이들을 활용하는 게 국익에 보탬이 된다는 근시안적인 사고에서 벗어나지 못하고 있습니다.

이주노동자들은 값싼 노동력이 아니라 우리와 같은 존엄한 인간이란 인식을 해야 비로소 정책 전환이 가능해집니다.

혹자들은 이번 잼버리 사태로 부산 세계엑스포 유치에 차질이 빚어지는 것이 아닌가 하는 우려를 했는데 엑스포는 이미 사우디아라비아로 넘어갔다는 게 세계 여론의 중론이었고, 엑스포 유치 외교참패도 연간 ODA사업 4조 5천억 원(2024년 예산 6조)의 효용성을 위한 대대적인 수술이 필요한 부분입니다.

서울시장과 시대전환 모 의원은 홍콩, 싱가포르처럼 50만 원짜리 값싼 가사도우미를 쓰자고 제안을 했고, 정부는 다각적인 검토를 통해 ILO 비준국가로서 최저임금은 보장하는 외국인 가사도우미 제도를 시행하겠다고 합니다.

홍콩, 싱가포르는 이미 50년간 운영해온 제도이고, 국제적으로 인권탄압 사례로 지속적으로 비판받고 있는 제도를 벤치마킹한다는 발상 자체가 이해가 안 됩니다. 정치인들이 국격을 떨어트리는 국익을 주장하는 것은 하나는 알고 둘은 몰라서입니다. 당장에 이득이 될지는 모르지만 장기적으로는 반드시 손해가 됩니다.

1970년대 독일로 간 광부, 간호사들에게 독일은 "손님 노동자"라는 호칭을 사용했습니다. 값싼 노동력으로 인식하는 현재까지의 한국 정부와는 다른 관점입니다.

국가를 생각한다는 한국 정부와 정치인들은 국격이 무엇인지를 반세기 전 독일 정부의 "손님 노동자"에서 교훈을 찾아야 할 것입니다.

❷ 저출생 고령사회의 대안, 이민국가

저출산고령사회위원회 위원장은 대통령이고, 부위원장은 나경원 의원이었습니다. 나의원의 헝가리식 부채탕감 방안에 대해 대통령실이 반대를 하자 나 전의원이 사표를 냈습니다. 사표를 내든 당대표에 출마하든, 2024년 총선에서 어느 당이 승리하든, 논점은 본질로 돌아와 저출산 고령화 해법이 있느냐입니다.

위원회가 출범한 지 20년 가까이 됐고, 400조를 쓰고도 백약이 무효했다면, 이런저런 많은 방안이 논의 테이블에 올라오는 것을 마다해서는 안 됩니다. 결국 대안은 이민국가로 갈 수밖에 없다는 현실적인 조건에서 이를 도외시하고 당대표가 된들 저출생·고령화 해법을 찾을 수 있겠습니까. 위원장이든 부위원장이든 장

차관 15명이나 참여하는 위원들과 여야는 이 문제에 있어서 초당적인 노력과 선의의 대안 경쟁을 벌이는 것이 국가를 위한 길일 것입니다.

현재 인구대비 외국인 5%인 이민사회에서 인구 10%의 이민국가로 가는 것은 또 다른 문제입니다. 시간이 해결해주는 문제가 아니기 때문에 선제적인 준비와 대응이 중요합니다.

법무부가 추진중인 이민청 신설도 이민국가를 대비한 광범위한 국민여론과 공감대 형성 노력을 하지 못하면 현재의 외국인출입국본부가 청 승격만 되는 졸작에 그칠 수 있습니다.

왜냐하면 현재 여야 국회가 이민청에 대해서 심도 있는 논의를 하지 못하고 있는 것이 첫째 이유요, 둘째는 법무부 역시 이렇다 할 이민청에 대한 마스터플랜이 빈약하기 때문입니다.

셋째는 현재 여가부 폐지에 따른 다문화 업무를 복지부로 이관한다면 이민청만 갖는 법무부가 계속해서 외국인 컨트롤타워 역할을 하기 어렵다는 점을 법무부가 무게 있게 생각하지 않고 있다는 점입니다.

다문화 업무가 여가부에서 법무부가 아닌 복지부로 간다는 것은 오히려 이민국가에서 후퇴하는 모습으로, 이런 결과는 결국 국민여론과 공감대 형성 노력의 부족에서 기인하는 것입니다.

법무부가 이민청을 신설한다는 것은 이민국가를 준비해야 하는 것으로 250만 거주외국인도 함께 총괄해야 업무의 효율성을 갖는 것인데 다문화 업무를 복지부로 이관한다면 법무부로서는 큰 패착이 될 것입니다.

이민국가로 간다면 향후 정부조직 개편을 통해 이민부 또는 세계평화부를 신설하고 산하에 이민청, 다문화청, 재외동포청을 두는 방안도 모색해야 합니다.

그래서 언론에 다음처럼 논평을 낸 바 있습니다.

"한동훈 장관의 이민청 신설과 이민국가 더디더라도 올바르게"

(2022년 8월 2일자 〈중도일보〉)

한동훈 법무부 장관은 5월 18일 취임사에서 1. 인권 존중, 2. 선진법치행정 – 이민청 설립, 3. 검찰 중립, 4. 자유민주주의와 시장경제를 언급했고, 5월 28일 입장문을 내고 출입국 이민정책을 인구, 노동, 치안, 인권, 국가 간 상호주의 원칙하에 국가대계 차원에서 체계적으로 추진하겠다고 밝혔다. 대통령 법무부 업

무 보고와 7월 국회 업무 보고에서도 이민청 신설 내용이 들어
있었다.

그런데 7월 국회 법사위 등 대정부 질의에서 이민청 신설과 관
련해 한 장관에게 질문을 한 국회의원은 애석하게도 한 명도 없
었다.

한 장관은 국가대계 차원에서 이민청 신설을 주장했는데 국회는
당리당략에 따른 정략적인 정치 공세에만 몰두했지 이민청 신설
과 관련해 그 어떤 질의도 하지 않았다.

그 이유는 첫째, 정치권이 저출산, 고령화, 인구절벽 등 한국이
직면한 심각한 과제에 대한 대안적이고 중장기적인 국가 운영
에 대한 로드맵의 부재, 둘째, 이민청과 이민사회에 대한 고민 부
재, 셋째, 뜨거운 감자인 이민사회 논의를 정치적 유불리로 바라
보고 있기 때문이 아닐까?

윤석열 정부 대통령실에 최초로 종교다문화 비서관이 신설됐고,
한 장관은 이민청을 신설한다고 한다. 이는 검사들이 주를 이루
고 있는 법무부의 이민문제에 있어서 기존의 보수적인 입장과는
상반되는 일로 진일보한 일로 평가할 수 있다.

나는 10여 년 전부터 청와대에 다문화 특보 신설과 세계평화부

신설, 산하에 다문화청, 재외동포청 투트랙 신설을 주장해왔다. 왜냐하면 현재 국내 외국인은 250만 명, 재외동포는 750만 명으로 국내 외국인은 500만 명까지 증가를 예상하고 있어 이를 총괄할 청 신설은 자연스럽고 합리적인 제기이며, 1천만 명의 외국인과 재외동포, 한반도와 세계평화의 융복합정책을 추진할 세계평화부를 설치한다면 국익에 더 큰 보탬이 된다고 판단했기 때문이다.

이 문제는 통일부, 법무부, 이민청 신설과 여가부 폐지 등 복잡한 정부조직법 개편 문제가 있지만 기왕 여가부 폐지와 이민청 신설이 맞물려 있어 이참에 세계평화부 신설도 충분히 논의해볼 필요가 있다고 본다.

한 장관이 제기한 이민청이 다문화청과 재외동포청 두 개 역할을 다 포괄할 수도 있고, 재외동포청이나 다문화청이 이민청 역할도 할 수 있기에 투트랙으로 신설하는 방안도 있고, 또는 이민청 산하에 다문화국, 재외동포국을 둘 수도 있다. 법무부 외청으로 신설의 장단점도 검토할 문제이며, 세계평화부 신설과 산하에 이민청, 다문화청, 재외동포청을 각각 설치하는 방안도 있을 수 있다.

내가 두 개의 청을 세계평화부 산하에 각각 신설하자고 주장했던 이유는 250만 국내 거주 외국인은 외국인노동자(노동부), 유학생(교육부), 결혼 이민자(여가부), 다문화가정 자녀(행자부, 교육부), 계절노동자(법무부, 농림부) 등 산재해 있는 부처가 다문화청으로 통합돼야 효율적이기 때문이고, 재외동포청 역시 750만 명이나 되는 해외거주 동포들의 효율적인 네트워크와 이민사회가 국익에 도움이 되는 시너지 효과의 극대화가 필요하기 때문이다. 세계평화부는 이 둘의 융복합정책이 한반도의 평화와 통일, 이민국가와 세계시민주의에 걸맞다고 생각하기 때문이었다.

현 정부가 추진하는 이민청 신설과 이민국가 준비가 올바르게 가기 위해서는 첫째, 국가대계를 언급한 이상 국가적으로 중차대한 이민 문제의 국민 여론 형성이 우선돼야 한다.

6세 어린이 초등학교 입학제처럼 지금처럼 일방적 밀어붙이기식 국정운영은 여론의 역풍을 맞을 수 있고, 충분한 논증과 활발한 토론을 거치는 숙의 민주주의가 조금 늦더라도 바른 방향으로 나아갈 수 있는 지름길이기 때문이다.

둘째, 정치권은 여야를 떠나 국가대계 차원에서 이민청 신설과 이민국가에 대한 중장기 로드맵을 마련할 책임이 있다는 점에서 충분한 연구와 활발한 토론을 주도해나갈 필요가 있다.

셋째, 국민들과 다양한 전문가 집단들의 논의는 다양하고 성숙한 사회와 글로벌 스탠더드, 세계시민주의와 국익 등 폭넓은 관점을 견지하면 지혜로운 방안은 얼마든지 도출할 수 있으리라고 본다.

❸ 한국에는 다문화 정책이 없다

대한민국은 아직 다문화의 ㄷ도 시작하지 않았습니다. 정부 유관기관 회의를 하다 보면 다문화 정책이 많이 정착되지 않았느냐는 소리를 듣게 됩니다. 모르는 소리입니다. 한국은 아직 다문화의 ㄷ도 시작하지 않았습니다.

외국인 주무부서인 법무부에는 이렇다 할 비전도 정책도 없습니다. 매월 외국인 출입 통계 보고서만 잘 내고 있습니다. 그리고 다문화가족센터를 운영중인 여가부는 한국화를 다문화로 우기고 있습니다. 노동부는 이주노동자 100만 명인데 EPS 25만 명이 전부라며 75만 명은 통계도 안 잡고 관리도 못하고 있습니다.

교육부는 다문화 교육이 다문화가정 자녀들을 관리하는 것으로 생각하고 있습니다. 행안부는 거주외국인지원 표준 조례를 2007년 제정한 지 17년이 됐는데도 예산이 하나도 없습니다. 기재부, 문광부, 외교부, 농림부, 산자부, 대통령실, 당정, 지자체 등이 세계보편주의, 세계시민주의를 이해해야 지구촌시대 글로컬한 융복합 국가운영 전략을 생각할 수 있습니다.

500명 제주 난민문제로 온 나라가 시끄러웠습니다. 그런데 컨트롤타워가 없다 보니 우왕좌왕했습니다. 750만 해외동포, 250만 외국인주민, 난민 등 1천만 명이 넘는데 이를 통합 관리하는 컨트롤타워가 없다 보니 다문화 시너지 효과는커녕 국론분열, 사회혼란만 가중시켰습니다.

대안은 대통령실에 다문화 특보를 세우고, 정부에 세계평화부를 신설해 컨트롤타워 역할을 하는 것입니다. 돈이 들어가는 일도 아니요, 효과적인 조직 개편을 통해 효율성을 높이는 일입니다.

지구촌시대에 구호뿐인 세계 속의 한국을 실현할 수 있는 행정 조직을 갖추는 일입니다. 국익을 최대치로 끌어올리는 일입니다. 다문화 시너지 효과를 극대화하는 일입니다. 국내외 융복합 국제 외교통상을 통해 모두가 윈윈하는 일입니다.

이주민들이 한 해 세금, 수수료, 과태료로 2조 원를 내고, 다문화 예산은 고작 3천억 원인데도 외국인들에게 세금을 쏟아붓는다는 유언비어가 사실처럼 호도되고 있습니다.

난민이 고작 500명 들어왔는데 국가가 망할 거라는 황망한 주장이 난무했는데도 사실관계도 모르고 우리 다문화 정책이 잘 돌아가지 않느냐는 뜬금포만 날리고 있습니다. 대략난감입니다.

대안은 정부, 지자체, 교육청, 공공기관 등에 개방형 다문화 전문가들을 많이 발탁해 제대로 된 다문화 정책을 구현함으로써 국가 미래 성장동력으로 삼는 것입니다. 이것이 투자대비 효과를 최대화할 수 있는 길이요, 글로벌·로컬(글로컬)을 통해 해외동포들과 국내거주 이주민, 내국인과 외국인, 세계와 한국이 함께 윈윈하는 길입니다.

우리나라 5천만 명이 세계 70억 명과 더불어 살아가는 지혜를 발휘하는 것이 바로 다문화 정책입니다.

❹ 한·쏘·공 이민청, 왜 불발탄인가?

한동훈 법무부 장관은 2022년 5월 18일 취임사에서 이민청을 신설하겠다고 밝혔습니다. 그래서 일부에서는 한·쏘·공이라 부르기도 했습니다. 그 의도는 좋았으나 현재 이민청은 산으로 가고 있습니다.

왜일까요? 빅 픽처가 없기 때문입니다. 한 장관은 자기모순에

빠져 있습니다. 대한민국 외국인 주무부처는 법무부로 되어 있습니다. 하지만 유명무실할 뿐입니다. 법무부가 출입국외국인본부를 출입국이민청으로 확대하는 것은 나쁠 건 없습니다. 늘어나는 외국인 등 폭주하는 업무량을 보면 당연히 청으로 승격해야 합니다. 그 명칭이야 중요한 것이 아닙니다.

그런데 한 장관은 외국인 주무부처로서 외국인 총괄 역할까지 윤 대통령 지시사항을 이행하려 하다 보니 머리가 복잡해진 것 같습니다.

왜냐하면 지금까지 법무부는 명색만 외국인 총괄부처였지 아무런 정책도 예산도 능력도 비전도 없는 상황이었습니다. 그런데 재한외국인 총괄을 하려다 보니 모든 업무가 노동부, 여가부, 복지부, 행안부, 교육부, 농식품부, 외교부, 중기부, 산자부 등 다양한 부처와 연계되어 있음을 알았습니다. 역할이 여러 부처에 산재되어 있다는 것은 결국은 아무도 책임지지 않는다는 것입니다.

한 장관이 그 점을 파악한 것은 매우 훌륭한 발견입니다. 그래서 욕심을 내서 외국인을 총괄하는 이민청을 신설하려다 보니 각이 안 나오는 상황입니다.

그래서 현재 법무부에서 이민청을 신설하는 것은 큰 무리가 없습니다. 그러나 그 내용은 법무부 출입국외국인본부가 청으로 승격하는 것 그 이상도 그 이하도 아닌 맹탕콩탕이라는 것을 한 장관도 알고 있을 것입니다.

결국 한·쏘·공 이민청은 불발탄이 될 공산이 큽니다. 외국인 총괄부처로서의 위상을 갖지 못하기 때문입니다.

더욱이 여가부 폐지에 따른 다문화 업무는 복지부로 갈 예정입니다. 처음부터 법무부는 이민청을 외국인 총괄부처가 아닌 본부를 청으로 승격시키는 잿밥에만 관심이 있었다는 반증입니다.

그것은 이민청에 대한 빅 픽처가 없었다는 뜻입니다. 그러다 보니 현재 한 장관은 이러지도 저러지도 못하는 늪에 빠진 형국입니다.

한 장관은 국익을 우선한 이민행정을 설파하고 있는데, 그 내용을 보면 중장기적인 관점보다는 근시안적인 시각입니다. 진정 국익을 위하는 그랜드 디자인이 없기 때문인데 이것은 여야 정치권 모두에게서 발견되는 현상이니 나무랄 것은 아닙니다.

예를 들어 외국인들이 한국에 와서 돈을 벌고 자국에 송금을 해서 외화유출을 하니 한국 입장에서는 손해라는 논리가 지배적이고 대부분 그렇게 생각을 하고 있습니다. 그러나 면밀히 살펴보면 이것은 국익 차원에서 보더라도 매우 근시안적인 시각입니다.

이주민들이 한국에서 돈을 벌어 자국에 송금하는 것은 맞습니다. 그런데 그들 자국에서 송금된 돈으로 화장품도 사고, TV도 사고, 냉장고도 사고, 에어컨도 사고, 자동차도 구매합니다. 어느 나라 제품을 살까요? 한국 제품을 구매한다면 송금된 돈은 다시 한국으로 돌아오는 것입니다.

더욱이 한국을 경험한 노동자, 결혼이민자, 유학생, 기타 등등의 외국인들이 자국으로 돌아가 "한국은 친절하고 좋은 나라다, 한국 제품은 훌륭하다, 관광할 곳이 많다, 대학이 우수하다, 외국인들을 환대한다"고 홍보한다면 이들은 훌륭한 한국의 홍보대사인 것입니다. 그래서 재한 외국인들을 친한세력으로 만드는 정책이 결국은 국익을 위한 방향인 것입니다.

그래서 하나는 알고 둘을 모르는 근시안적인 국익은 사실 국익과 배치된다는 것입니다.

한 장관이 현재 취할 수 있는 스탠스는 이렇습니다.

1. 저는 처음부터 출입국본부를 이민청으로 승격시키려고 했고, 그렇게 하겠습니다.

이것은 가장 베이직한 문제로 큰 어려움이 없어 보입니다.

2. 이민청 가지고는 외국인 총괄부서의 역할을 할 수 없기에 정부조직법을 개정해 이민부를 신설하도록 하겠습니다.

이것은 2024년 4월 총선 이후 새로운 여야와 국회에서 협의해 나가야 하는 문제입니다.

3. 공부를 하다 보니 이민부보다는 세계평화부가 국익에 더 보탬이 되는 빅 픽처입니다.

이것은 인구이민부나 출입국이민부나 이민청으로는 외국인 컨트롤타워를 할 수 없다는 현실 인식과 공감대가 형성된 이후 이민부를 신설할 때쯤 국익을 위해서 어떤 부처를 설립하는 것이 좋은 것인지 광범위한 논의와 면밀한 검토가 필요한 사안입니다.

선거에서 이기려면 숨은 표 1%를 찾아야

(2024년 3월 7일자 〈헤드라인충청〉 '다문화칼럼')

총선이 한 달 앞으로 다가왔다. 지난 2022년 3월 실시한 20대 대선 표 차이는 불과 24만 표였다. 1%도 아닌 0.73% 차이로 윤석열의 승리였다. 18대 대선 때는 안철수가 양보했음에도 불구하고 박근혜가 100만 표로 문재인을 따돌렸다.

다문화 관점으로 선거를 보면 18대 대선 때 한나라당 비례 이자스민 의원의 공이 컸다. 전국 230개 다문화가족센터를 돌며 100만 다문화가족 표를 끌어갔다. 민주당에서는 어느 누구도 다문화센터를 가지 못했다. 갈 의원이 없었기 때문이었다.

이번 총선으로 2027년 3월 21대 대선을 점칠 수 있다. 바로 숨은 1% 다문화 표를 생각하고 다문화 공천을 하는 정당이 대선도 승리할 수밖에 없다는 것이다. 민주당은 아직도 다문화 인재영입을 안 하고 있다. 한동훈은 다문화가정 중국 2세 30대 젊은 여성 변호사를 인재영입했고, 국민의힘은 인요한 비례대표 카드도 활용하고 있다. 이자스민에 이어 국힘은 외국인 카드를 지속적으로 활용하며 외연을 넓히고 있는데 민주당에서는 찾아볼 수 없는 현상이다.

거주외국인 250만 명에서 500만 명으로 증가하는 것은 시간문제이다. 왜냐하면 한동훈 법무부체제에서 외국인노동자, 유학생들에게 영주권을 주겠다고 법을 바꿨기 때문이고, 지역소멸, 저출생고령사회의 대안으로 이민정책은 부상할 수밖에 없는 시대적 흐름이다.

총선은 지역 일꾼이 아닌 국가 일꾼을 뽑는 것인데 한국의 후진적 정치는 국회의원들을 국가 일꾼이 아닌 지역 일꾼으로 전락시키고 있다. 그래서 국가 그랜드 디자인을 그리는 의원들이 없게 된다. 복지 선진국 북유럽은 지역 의원이 단 한 명도 없다. 100% 다 비례대표를 뽑기 때문으로 가장 상식적이고 이상적인 제도를 통해 모든 국민들의 뜻이 비례를 통해 국정에 반영되고, 그것은 국가발전으로 이어진다.

다문화 관점으로 보자면 변화하는 시대에 이민국가로 가는 중요한 시점에서 이번 총선에 다문화인, 다문화 전문가, 이민정책가들이 안 보인다. 이왕이면 이주여성이나 다문화가정 2세 중에서 비례대표를 많이 내는 쪽이 2027년 대선을 잡는다는 것은 확실한 사실이다.

3·1절 기념주일에 설교한 내용이다. '해방에서 열방으로.' 국회의원은 지역 일꾼이 아니다. 지역 일꾼들은 이미 지자체 선거에서 뽑았다. 국가 그랜드 디자인을 그리는 국가 일꾼이 국회의원인데 지금 정치권은 국가 대계를 그리는 일꾼들을 찾지 않고 있어

늘 밥그릇 싸움한다는 냉소를 듣는 것이다. 이것은 국가적으로도 큰 손실이다.

❺ 자비량 선교(tent maker) 방안은 얼마든지 많다

(사)러브아시아(이사장 김동현 감독)는 필리핀지부-네버랜드크리스천스쿨(조유원 선교사)에 2024년 3월 12일 치과 유니트체어(1천만 원)를 전달했습니다.

자비량 선교를 'tent maker'라고 부르는데, 이것은 사도행전 20장 34절 사도 바울이 천막을 만들며 생계와 선교 자금을 스스로 만들었다는 뜻으로, 바울은 전도만 한 것이 아니라 천막 만드는 일에 상당 시간을 투여했습니다. 현재 감리회도 이중직을 허용했는데 바울은 이미 이방선교와 텐트 이중직을 감당했습니다. 루터 역시 사람들에게 유익한 일, 섬기는 일은 그 무엇이라도 성직이라고 말했습니다. 웨슬리 역시 상당한 논문과 책을 써서 인세로 선교비를 쓴 자비량 선교를 했습니다.

자비량 학교사역을 하고 계시는 필리핀 조유원 선교사님과 말씀을 나누던 중 많은 선교사님들이 성직자가 어떻게 비즈니스를 하냐고 생각하는 분들이 많다는 말씀을 듣고 아직 갈 길이 멀다는 생각이 들었습니다. 또한 한국 선교훈련에 이런 자비량 선교 현실화를 꾀하고, 다양화해야 한다는 말씀에도 동의합니다.

『한국교회 미래지도』 저자인 미래학자 최윤식 목사님은 향후 한국교회는 500만, 250만까지 교세가 축소할 것이고, 가장 먼저 해외선교비부터 줄여 선교사들은 귀국 아니면 자비량 선교를 할 수밖에 없게 된다고 밝혔습니다.

이미 교세는 1천만에서 8백만으로 2백만이 축소됐고, 계속 축소될 것인데 자비량 목회(선교) 모델에 대해 관심을 안 갖는 것은 매우 애석한 일입니다. 그 방안들은 책으로 쓸 만큼 충분한 분량이 있고, 얼마든지 가능한 대안들이 있습니다. 바로 한국의 이주민들과 파트너십을 이루는 게 가장 효과적인 방안입니다. 그래서 국내외 융복합 선교전략이 필요한 시대요, 정부 역시 이주민과 함께하는 글로컬 정책으로 한국과 아시아의 효과적인 공생 방안을 적극 모색해야 합니다. 그것이 인구절벽 지역소멸의 대안입니다. 이제는 단편적이 아닌 국내외 융복합 비즈니스 전략이 모두가 윈윈하는 지혜로운 방안임을 인식해야 합니다.

❻ 정부 각 부처가 추진해야 할 외국인주민정책

1. 전국 16개 시도에 다문화공립학교 설치 - 교육부

다문화가정 자녀들 전국 취학률은 초교 78% → 중 56% → 고 35%입니다. 경기도는 55.6%, 인천 57.4%, 대전 57.8%, 대구 61.4%, 서울 62.5% 취학률을 기록했습니다. 다문화자녀 초교 22%, 중학교 44%, 고등학교 65%는 졸업을 못하는 상황으로, 공교육 탈락자들을 위한 교육 안전망으로 다문화공립학교 설치가 필요합니다.

2013년 3월에 경기도 교육청이 설립한 다문화공립학교를 모델

● 다문화 정책은 꾸준히 일관성을 갖고 진행되어야 한다

로 이를 전국화하는 일이 필요합니다. 퇴교나 유휴공간을 활용하면 예산 절감 효과가 있고, 공교육에서 교육 안전망을 확보하는 의미를 가질 수 있습니다. 또한 다문화공립학교(외국어학교, 국제언어학교 등)에서 이중언어교육 등 특성화 교육을 통해 경쟁력을 키울 수 있습니다.

2. 외국인근로자지원센터 전국에 추가 설치 - 노동부

서울 경기 등 9곳에 노동부(산업인력공단)가 설립한 외국인근로자지원센터가 예산부족 이유로 축소되고 있는 것은 늘어나는 외국인근로자 수와는 상반되는 정책입니다. 외국인근로자지원센터는 전국 지자체에 설치해야 합니다. 큰 예산이 소요되는 것이 아닙니다. 연간 2조 원의 세금을 내는 외국인근로자들을 생각하면 장기적인 관점으로 접근해야 합니다.

3. 외국인노동자 의료권 보장 - 복지부

외국인노동자 4대보험 의무화로 건강보험료를 납부하고 있으나 장시간 근무로 실제로 의료기관을 이용하지 못하고 있는 것이 현실입니다. 대전지역의 경우 매주 일요일 양방, 한방, 치과, 약국

등 12년간 대전외국인복지관 민간단체가 무료 진료하는 곳을 이용하고 있으나 이곳 무료진료소는 정부 지원이 전혀 없는 상황입니다. 복지부는 전국의 무료진료소에 의료수가 적용이나 지원방안을 마련하는 일이 필요합니다. 외국인노동자 밀집지역의 경우 보건소를 일요일에 운영하는 방안도 필요합니다.

4. 다문화식당 창업을 통한 결혼이주여성 일자리창출 - 여가부, 노동부

다문화가정 70% 이상이 취약계층으로 경제적으로 빈곤하나 이주여성 취업장벽은 내국인보다 훨씬 높아 일자리 얻기가 어렵습니다. 그 가운데 대전외국인복지관이 이주여성 일자리창출을 목적으로 설립한 다문화식당 I'mAsia 1, 2, 3호점은 각종 언론에 200여 회 이상 보도될 정도로 주목을 받았습니다. 다양한 아시아 요리를 한곳에서 맛볼 수 있다는 장점과 다문화체험 프로그램으로 초, 중, 고, 대학교에서 방문했기에 타 지역에서도 많은 벤치마킹을 위해 방문했습니다. 이 사례를 모범으로 삼는 정부의 정책적인 접근이 필요합니다.

여성가족부가 운영하는 다문화가족지원센터는 전국 230곳 지자체에 설치되어 있기에 벤치마킹을 통해 순차적으로 다문화식당을 창업할 경우, 이주여성 일자리창출과 지역의 다문화체험장, 다문화 인식개선에 큰 도움이 될 것입니다. 예산 400~500억 초기 투자비(보증금, 시설 등)는 회수가 가능합니다.

5. 이주외국인 현지국가에 한국문화원(한국어교육센터) 설치 - 외교부, 문광부

한국으로 유입되는 외국인노동자들과 결혼이주여성들의 경우, 현지에 파견된 산업인력공단이 주관하는 한국어 능력시험(TOP-IC)을 통과해야 합니다. 그러나 한국어를 가르치는 곳이 적어 어려움이 많습니다. 결혼이주여성들 역시 자국에서 한국어를 가르치는 곳이 적어 한국에 들어와 한글을 배우기 시작해 언어소통의 어려움으로 인권침해 등 상당한 고충을 겪습니다. 현지 국가에 한국문화원(한국어교육센터, 세종학당) 확대 설치로 이주노동자, 이주여성들, 유학생들이 현지에서 사전 한국어교육을 받을 수 있다면 이들에게 국내에서 투입되는 예산 절감효과와 인권향상, 조기정착 유도, 한류 확산 등 다양한 효과를 볼 수 있습니다.

한국문화원은 한국대사관 산하로 직영 또는 한인회, 재외동포재단, NGO, KOICA 등에 민간위탁을 할 수 있습니다.

현재 52개 국가 120개 세종학당을 200개 국가 500개로 확대, 46
개 국가 파견중인 KOICA도 확대함으로써 청년 글로벌인재 프로
젝트로 활용할 수도 있습니다. 외교부, KOICA, 재외동포청의 중
장기 로드맵 수립이 필요합니다.

6. 인종차별금지법 제정 - 법무부, 국회

우즈벡에서 시집온 이주여성이 목욕탕 출입을 거부당한 사건
이 사회에 큰 충격을 준 바 있습니다. 현재 이주외국인 250만 명,
앞으로 500만 명까지 증가할 것으로 예상되는 이주민 시대에 인
종차별금지법 제정을 통한 이주외국인 인권 향상 도모가 필요합
니다. 이제 모든 인종과 함께 더불어 살아가는 다문화사회를 준비
해야 합니다.

7. 다문화 전담부처 신설 - 대통령실

외국인노동자는 노동부, 이주여성은 여가부, 유학생은 교과부,
체류는 법무부, 지역은 행안부 등등 업무가 산재되고 중복되는 부
분이 많아 부처 간 갈등과 통합관리능력 부족, 당사자의 애로사항
등으로 이주외국인 총괄 부서를 통한 통합관리가 필요합니다. 예

를 들어 다문화청 또는 외국인청을 신설해 통합관리하는 중장기적인 로드맵이 필요합니다.

또한 대통령실에 다문화특보를 신설하고, 총리실 산하의 외국인위원회를 대통령실 산하로 승격시키는 것이 변화하는 다문화 사회의 격에 맞습니다.

8. 학교 급식 다문화 급식/글로벌 급식 - 교육부

글로벌 입맛이 글로벌 인재를 만들기에 각 학교 급식 시 한 달에 1회 이상 외국음식 급식을 함으로써 자라나는 학생들에게 글로벌 감수성을 키우고 다문화이해 증진을 꾀할 수 있습니다. 이를 통한 오감만족의 글로벌 인재 양성이 필요합니다. 이젠 친환경 급식을 넘어 다문화 급식을 할 때이고, 이것은 예산과 아무런 상관이 없습니다. 기존 예산으로 메뉴만 글로벌 메뉴로 바꾸면 되는 일입니다.

9. 다문화박물관, 다문화거리 조성 - 교육부, 여가부, 국토부, 지자체

다문화 교육이 확대되는 가운데 자라나는 어린이, 청소년들이 다문화를 체험할 공간이 없습니다. 방학 때 해외여행을 못 가는 취약계층 자녀들에게 글로벌 감수성을 향상시키기 위해서는 다문화 박물관 설치가 필요합니다. 아시아존, 유럽존, 아프리카존, 남미존 등 다양한 국가와 인종, 문화를 체험함으로써 글로벌 인재로 자랄 수 있는 토양을 마련해야 합니다. 원도심에 폐교나 유휴공간을 활용한 다문화거리를 조성하고 다문화 박물관을 설치한다면 원도심 활성화에도 보탬이 될 것입니다.

10. 이민국가, 사회통합제도 - 법무부

현재 한국인 750만 명이 해외로 이민을 가서 살아가고 있습니다. 그런데 우리나라에는 이민을 올 수 없습니다. 우리도 글로벌 스탠더드에 맞게 이민국가로 전환해야 합니다. 이것은 저출생 고령사회 대안이 될 수 있고, 세계 경제 10대 국가인 한국 국격에도 걸맞는 것으로, 충분한 여론수렴과 공감대 형성이 필요합니다.

또한 법무부가 진행중인 5단계 사회통합 프로그램은 민간에 의지하고 있어 예산 확보가 필요합니다. 250만 외국인들이 지출하는 한해 수수료, 과태료, 각종 세금은 2조 원인데 현재 다문화 예산은 3천억가량으로 예산을 대폭 확대하는 것이 종국에는 국익에 보탬이 됩니다.

11. 세계평화부 신설과 한반도 평화상 제정 - 대통령실, 국회

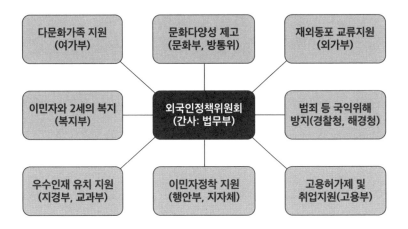

다문화가족 지원
(여가부)

문화다양성 제고
(문화부, 방통위)

재외동포 교류지원
(외가부)

이민자와 2세의 복지
(복지부)

외국인정책위원회
(간사: 법무부)

범죄 등 국익위해
방지(경찰청, 해경청)

우수인재 유치 지원
(지경부, 교과부)

이민자정착 지원
(행안부, 지자체)

고용허가제 및
취업지원(고용부)

● 유관부처의 외국인정책

지역소멸의
대안 이주민정책

❶ 지방소멸·이민의 시대, 대전세종의 생존전략

대전세종연구원은 2023년 10월 24일 오후 2시, 대전평생교육진흥원 컨퍼런스홀에서 "지방소멸·이민의 시대, 대전세종의 생존전략은?"이라는 주제로 정책세미나를 개최했습니다.

이번 이민정책 세미나는 (사)도시공감연구소, (사)러브아시아, 목요언론인클럽, 한국공공정책평가협회가 공동 주관했습니다.

본 세미나는 법무부가 신설하려고 하는 이민청과 관련해서 타

지역들이 유치 경쟁을 벌이고 있는 가운데 대전세종 지역에서 대안을 모색하는 첫 세미나라는 데 의미가 있습니다. 현재 재한 외국인주민은 인구대비 5% 250만 명으로 현 정부의 공격적인 외국인 유입정책으로 500만 명까지 증가할 것을 고려할 때 이민청은 향후 인구이민부로 승격할 것으로 예상됩니다.

대전세종 지역은 정부청사가 밀집된 지역으로, 이민청을 수도권에 신설하는 것은 부당하다는 입장입니다. 또한 인구절벽, 지방소멸의 대안으로 모색되고 있는 이민정책에 선제적으로 대응함으로써 외국인주민들도 살기 좋은 지역 조성이 인구 유입 효과에도 필요충분 요소가 될 것입니다.

이날 행사는 김영진 대전세종연구원 원장의 개회사를 시작으로 한성일 목요언론인클럽 회장, 송동섭 도시공감연구소 이사장의 환영사, 그리고 저(김봉구 대전외국인복지관 관장)의 발제 "지방소멸·이민국가, 대전세종의 생존전략은?", 윤인진 고려대학교 사회학과 교수(전 한국이민학회 회장)의 주제 발제 "전환기의 한국사회와 이민정책"이 있었고, 도시공감연구소 김창수 소장의 사회로 더불어민주당 장철민 국회의원, 국민의힘 양홍규 서구을 당협위원장, 한국공공정책평가협회 강대훈 대전협회장, 대전세종연구원 류유

선 책임연구위원, 경향신문 윤희일 선임기자가 패널로 참석해 토론을 했습니다.

김영진 원장은 "인구절벽 시대에 이민정책·외국인주민정책은 우리지역에서도 매우 중요한 어젠다로 이민청 신설과 관련해 우리지역에서 처음 갖는 이번 세미나가 공론화의 시발점이 되기를 기대한다"고 밝혔습니다.

발제를 맡은 저는 "현재 외국인주민 250만 명이고, 해마다 증가하는 입·출국자를 관리하는 법무부 출입국·외국인정책본부 인원은 지난해 말 기준 2,698명(행정안전부 통계)으로 80만 명의 외국인을 관리하는 홍콩과 비슷하다. 우리 법무부가 홍콩에 비해 3배나 많은 외국인을 관리하는 셈"으로 "재한(在韓) 외국인이 500만 명까지 증가하는 건 시간문제이고, 이민청으론 이를 감당할 수 없음을 쉽게 예측할 수 있다"고 말했습니다.

이어 "이민청은 외국인주민 컨트롤타워 역할을 제대도 수행할 수 없고, 인구이민부로 가기 위한 과도적인 성격을 띨 것"이니 "국익을 위해선 재외동포·다문화·이민·통일·ODA(공적개발원조) 업무를 총괄할 세계평화부를 신설하는 것이 현명한 방안"이라고 제안했습니다.

또한 "정부는 여성가족부를 폐지한다는 방침이고, 150만 다문화가족 업무를 보건복지부로 넘길 예정"이니 "이민청은 출입국·외국인정책본부의 승격 그 이상도 이하도 아니다. 외국인주민 비율이 전체 인구의 10%를 차지하는 '이민국가'를 이민청이 준비하는 것도 역부족"이라고 지적했습니다.

"인천시는 재외동포청과 시너지 효과를 내기 위해 이민청을 인천에 설립하는 게 좋다는 여론을 조성하며 이민청 유치 TF(태스크포스)를 꾸렸다. 전국 최초로 2013년 인천시교육청이 설립한 다문화 공립학교도 이에 한몫하고 있다. 인천시 외에 경기 김포시, 충남, 전남이 이민청 유치 의사를 밝혔다. 수도권 과밀화와 국가균형발전을 고려하면 이민청은 수도권 이남에 신설해야 하는데, 아직 대전과 세종 등 충청 정치권은 이 사안에 대해 조용하다"며 적극적으로 유치에 나설 필요성을 제기했습니다.

❷ 시사 집중 인터뷰 - 이민청 신설 문제

2023년 11월 15일 대전 CBS 방송과 '이민청 신설 문제'를 두고 시사 집중 인터뷰를 가졌습니다. 이태헌 아나운서가 진행한 당시 인터뷰를 게재합니다.

이 대전외국인복지관 김봉구 관장님과 인터뷰합니다. 안녕하십니까? 자, 먼저 관장님, 우리나라에 거주하는 외국인들을 다양하게 부르는데요. 이주노동자, 외국인주민, 결혼이주여성. 의미를 놓고 보면 다 다르지만, 어떻게 부르는 게 가장 적합한가요?

김 네. 비자 종류에 따라 노동이주, 결혼이주, 유학이주 등 다양하기에 이주노동자, 이주여성, 유학생으로 각각 부르는 것은 맞고, 이들 이주민을 통칭할 때는 이주외국인, 거주외국인이란 용어를 쓰다가 요즘에는 외국인주민이란 표현을 선호하고 있습니다. 정부에서는 이주민이란 용어로 통일해서 호칭하기로 했습니다. 이젠 이들도 우리와 함께 살아가는 지역주민이란 뜻이죠.

이 그렇군요. 우리나라에 거주하는 외국인주민 수는 얼마나 됩니까?

김 2002년 제가 외국인주민 지원을 시작할 당시 재한 외국인은 50만 명가량이었고, 20년이 지난 2023년 현재는 인구대비 5%인 250만 명까지 증가했습니다. 20년간 5배 증가한 것으로 향후 500만 명까지 증가하는 것은 시간문제일 뿐임을 예상할 수 있습니다. 인구 대비 유입 외국인이 10% 정도면 다문화국가 또는 이민국가라고 부릅니다. 현재 한국은 이주민 5% 다문화사회에서 10% 다문화국가로 가고 있는 중요한 시기입니다.

이   그 가운데 단기 체류하는 외국인도 있지 않습니까? 비율로 따져본다면?

김   현재 장기체류 외국인들이 250만 명이란 뜻이고, 3개월 방문비자, 여행비자 등 단기 방문자들은 여기에 포함되지 않습니다.

이   그리고 내국인 인구는 감소하는 반면, 외국인 유입 인구는 증가하고 있다면서요?

김   2022년 통계청 인구총조사 통계를 보면 내국인 인구는 감소하고 있는 반면에 외국인 유입 인구는 증가하고 있습니다. 향후 이 현상은 더 가속화될 것으로 전망하고 있습니다.

이   보통 어떤 이유로 한국에 거주하게 되는지도 궁금합니다.

김   한국정부는 부족한 인력을 충족하기 위해 합법적으로 이주노동자, 계절노동자들을 송출받고 있구요, 국제결혼을 통한 결혼

이주, 그리고 유학생들이 한 해에 100만 명가량 입국하고 있습니다. 현재 인구 대비 5%인 250만 명의 외국인주민들이 한국에 거주하고 있습니다.

이 그렇군요. 앞의 말씀을 종합해보자면, 우리나라에 거주하는 외국인주민은 인구대비 5%를 차지하고 있고, 머지않아 500만 명이 될 가능성이 있다는 겁니다. 그 말씀이 맞는 게, 우리나라의 합계출산율이 1명이 채 되지 않고, 지방소멸 우려가 큰 상황에서 당연해 보이기도 하는데요?

김 정부는 전국에 240개 지자체 중 절반인 120곳을 지역소멸 위험지역으로 분류하고 있습니다. OECD 회원국가 중 출산율 최하위인 지 오래됐고, 근 20년간 저출생 고령 문제 해결을 위해 400조를 쏟아붓고도 뾰족한 묘안을 찾지 못하고 있습니다. 결국 현 정부는 인구절벽, 지역소멸의 대안으로 이주민 유입정책을 통한 이민국가로의 전환을 대안으로 추진하고 있습니다.

이 예전에 저희 목사님께서 그 말씀 하셨어요. 우리나라 다문화 관련 정책들을 볼 때 아직 다문화의 'ㄷ'도 시작하지 않았다. 지금은 좀 나아졌습니까? 하나씩 자세히 들여다볼까요?

김　네, 다문화는 어려운 외국인들을 돕는 것이란 생각은 매우 기초
적인 생각이고, 다문화 정책으로도 국가 운영이 가능하다는 생
각을 해야 합니다.

올 10월 IMF 통계에 따르면, 국가 GDP가 높은 국가일수록 이
민자를 적극적으로 수용하고 있는 선진국이라는 겁니다. 부동
의 1위를 차지하고 있는 룩셈부르크는 1인당 GDP가 13만 달러
로 한국보다 4배가량 많습니다. 그런데 룩셈부르크는 이민자가
국가의 절반이 됩니다. 대부분 선진국이라 불리는 나라치고 이
민국가가 아닌 나라는 없다는 공통점을 본다면, 다문화 정책이
국정운영에 매우 큰 비중을 차지한다고 볼 수 있습니다.

행안부는 주민등록증이 없어도 지역 주민으로 인정하는 생
활인구 개념을 도입했습니다. 즉 5도2촌, 또 주민등록이 없는
외국인들도 실제 지역 거주자로 주민에 포함시킨다는 방안입
니다.

노동부와 법무부는 기존의 E-9(비전문 취업비자) 외국인노동자에
게 영주권을 주지 않기 위해 5년 미만인 4년 10개월 근무 후 출
국 후 재입국 제도를 폐지하고, 출국하지 않고 10년까지 연장해

영주권을 부여하는 정책을 추진하고 있습니다. 또한 인력난이 심각한 가사 도우미, 베이비시터, 택배 상하차, 물류센터 등 외국인 고용 요구가 많은 직종까지 취업을 확대했습니다.

노동부는 2024년 16개 국가로부터 송출받는 고용허가제 쿼터 인원을 역대 최대로 늘리겠다는 방침을 발표했고, 향후 지속적으로 확대될 것으로 예상됩니다. 그만큼 중소제조업체의 인력난이 심각해 중기협 등에서 늘 외국인 쿼터 인력을 늘려달라고 정부에 건의하고 있기 때문입니다.

이 그리고 교육부는 2028년까지 외국인 유학생 30만 명을 유치하겠다고 밝혔나요?

김 교육부는 2028년까지 외국인 유학생 30만 명 유치 계획을 밝혔고, 탄력적으로 취업을 허용해 졸업 후 취업으로 연계해 영주권을 주겠다는 방침입니다. 현재 유학생은 20만 명 수준이며 기존에는 유학 비자가 만료되면 자동 출국하는 제도에서 취업 비자로 변경시켜 이들의 출국보다는 한국에 정주시키겠다는 방향으로 정책을 선회한 것도 저출생 고령사회의 문제 때문으로, 유학생들에게 취업비자를 주고 영주권까지 부여함으로써 인구 확대 효과를 기대하고 있습니다.

이 그리고 농어촌지역의 인력난 해소를 위해서 탄력적인 맞춤형 비자를 줄 계획이죠?

김 법무부가 운영하는 농어촌지역의 인력난 해소를 위해서 운영 중인 외국인 계절노동자 비자도 기존의 5개월에서 8개월로 확대하고, 그 인원도 지속적으로 확대한다는 방침입니다. 그만큼 농어촌지역의 인력난이 심각하고, 지역특화 비자제도를 통해 전국 지자체의 다양한 외국인력 수요에 탄력적인 맞춤형 비자를 주겠다는 정책입니다.

농림축산식품부는 2022년 외국인 계절노동자들에게 주거복지를 제공하는 기숙사 시범사업 공모를 진행해 전남(담양군·무안군·영암군·해남군), 전북(고창군·진안군), 충남(청양군·부여시), 경북(영양군), 경남(거창군) 10곳을 선정했습니다. 유형별로는 거점형 2곳(전남 해남군과 경북 영양군), 마을형은 8곳입니다.

국비 및 지방비 각 50%씩 총사업비 168억 원을 투입했고, 기숙사가 건립되면 거점형은 120명 내외, 마을형은 50명 내외의 계절노동자가 생활하게 됩니다.

이 정부는 인구를 늘리기 위해 전방위적으로 정책을 내놓고 있는데, 외국인 관련 일을 약 20여 년 넘게 해오신 분으로서, 어떻게 보시는지 궁금합니다. 인구절벽, 지방소멸 시대의 대안이라고 보시나요?

김 대부분 학자들은 이민정책이 주요 대안이 아니라고 주장들 하시는데 저는 그 주장에 동의하지 않습니다. 그 이유는 근 20년간 대통령이 당연직 의장인 저출산고령사회위원회가 400조를 쓰고도 아직까지 해법을 찾지 못하고 있기 때문입니다. 현 정부에서 획기적인 방안이 나오리라 생각하지 않습니다. 그렇다고 차기 정권이 바뀐다고 대안이 나올까요? 국민들은 대부분 그렇게 생각하지 않는다고 봅니다. 밑 빠진 독에 물 붓기는 계속될 것으로 봅니다. 돈은 돈대로 쓰고, 시간은 시간대로 허비할 뿐입니다. 저출생 문제, 고령사회 문제 해법이 과연 언제 나올까요? 그렇기 때문에 이주민 유입정책이 서브 대안이 아닌 현재로서는 메인 대안이라고 주장하는 것입니다.

앞서 말씀드린 대로 선진국가들은 다 이민국가입니다. 그런데 한국은 겨우 이주민 5% 국가입니다. 선진국들은 대부분 20% 이상이란 점을 간과해서는 안 되고, 선진국들처럼 이민정책, 다문화 정책, 외국인주민정책으로도 국가 운영이 가능하다는 현실을 한국사회는 빨리 인식해야 합니다. 그래서 이민청 신설보다는 '세계평화부(인구이민부)'가 더 현실적입니다.

이 그런데 지금 '이민청' 설립에 대해 구체적인 논의가 진행되고 있지 않습니까?

김 법무부가 추진하고 있는 이민청 신설은 2024년 4월 총선 이후가 될 것으로 봅니다. 외교부는 750만 재외동포청을 올 6월 인천에 신설했구요. 이민청은 인천 등 다양한 지역에서 유치전을 벌이고 있습니다.

이 이민청 유치 TF도 꾸려졌죠?

김 대전충청지역에서는 아직까지 조용한 상황이구요, 인천, 김포, 안산, 전남, 부산, 천안아산 등 다양한 지역에서 유치전을 펼치고 있습니다.

이 얘기를 나누다 보니까요. 몇 분 만의 인터뷰로 내용을 담기에는 부족한 것 같습니다. 추후에 다시 얘기를 나누기로 하구요. 끝

으로 외국인주민 250만 명, 다문화사회에서 10% 다문화국가
로 가고 있는 현 시대에서 가장 중요하게 생각해봐야 할 부분은
무엇인가요?

김 네, 질서 있는 이민국가를 준비하기 위한 정부의 컨트롤타워가
필요한 시점입니다.

이 알겠습니다. 오늘 말씀 여기까지 듣겠습니다. 대전외국인복지
관 김봉구 관장이었습니다.

❸ 충북 진천군과 태국 파타야시가 자매결연 맺는 의미

노동부가 고용허가제로 16개 국가로부터 연간 25만 명의 신규
인력을 받아들여 300인 이하 중소제조업체의 부족한 인력난을 해
소하고 있습니다. 현 정부정책이 이들 비자를 4년 10개월에서 10
년으로 연장해 영주권도 주고 정주할 수 있도록 변경했습니다.

법무부는 농어촌지역의 부족한 인력난 해소를 위해 8개월 비자
의 계절노동자 제도를 시행하고 있습니다. 지자체가 외국 지자체
와 MOU를 체결해 인력을 수급받을 수 있는데, 각 지자체별로 부
족한 농어촌 일손을 계절노동자로 해결하고 있습니다.

● 태국 파타야시 놉시캅 나나컴 교육감(행정부시장급)

유학생 비자 혁파를 통해 학업을 마치고 취업 비자로 변경해줄 수 있어 이들도 지역에 정주할 수 있는 영주권을 부여받을 수 있습니다. 유학생 유치는 곧 진천군의 외국인주민 증가로 연결됩니다. 진천 소재의 대학과 군의 협력이 필요합니다.

농림부는 계절노동자 기숙사 공모사업을 통해 현재 20개 지자체에 매칭펀드를 통해 계절노동자들의 숙식 문제를 해결하는 정책을 진행중입니다.

행안부는 생활인구 개념을 도입해 주민등록증이 없지만 외국인주민 역시 지역주민으로 카운팅함으로써 지역소멸 위기를 외국인 유입정책으로 타개해나간다는 방침입니다. 또한 외국인복지센터 공모사업을 통해 매칭펀드로 지자체에 외국인복지 사업을 지원하고 있습니다. 결혼이주여성들 역시 지역 인구증대의 주요한 요인으로, 다문화센터 등을 통해 국제결혼이 필요한 이들이 좀 더 수월하게 접근할 수 있도록 하는 행정의 간소화 등 지원이 필요합니다.

한국으로 입국을 희망하는 외국인들은 자국에서 한국어능력시험을 통과해야 한국으로 입국할 수 있고, 이들의 한국어 능력이 좋을수록 한국에 조기정착할 수 있기에 현지국가에 한국어교육센터를 설치하는 게 좋습니다. 그리하여 상시적이고 장기적으로 진천군으로 유입되는 외국인들을 현지 국가에서부터 개입하는 정책이 저비용의 고효율 정책입니다.

관내에 있는 중소업체들의 수출판로 확대를 위해 군내에 거주중인 1만여 명의 외국인주민들과 파트너십을 통한 글로컬 무역방안을 마련하는 것이 필요합니다. 이는 인건비, 운영비 등의 절감효과와 수출확대를 통한 군 세수 증대로 연결되는 선순환 경제 거버넌스 구축입니다. 군, 중소업체, 외국인의 파트너십을 통한 효과적인 무역전략은 모두가 윈윈하는 방안입니다.

　외국인주민들 역시 세금을 내기 때문에 이제는 내국인, 외국인 구분할 필요가 없는 시대가 되었고, 저출산, 지역소멸의 대안으로 현 정부는 적극적인 외국인 유입정책을 펼치고 있습니다. 앞으로도 지속적으로 외국인주민 비율은 현재 5%에서 10% 이상 증가를 예상하고 있어 외국인 유입정책의 중장기 계획을 수립하고 선제적으로 대응하는 것이 진천군의 경쟁력을 강화시키는 방안이 됩니다.

　외국인주민들의 복지정책을 강화해 이들이 살기 좋은 진천이란 소문을 확산해 국내와 해외에 외국인 친화도시라는 진천군의 브랜드를 향상시키는 것은 지속적인 외국인 유입으로 이어져 군의 경쟁력을 강화시킬 수 있습니다.

　(사)러브아시아·대전외국인복지관(이사장 김동현 감독)은 10월 31일 태국 파타야시 현지에서 (사)러브아시아 태국지부에 1천만 원 상당의 물리치료기를 후원했습니다.

　(사)러브아시아 태국지부 소한실 대표는 15년간 태국 파타야에서 태권도 감독으로 있으며, 기독교대한감리회 선교사로 사역을

● (사)러브아시아 태국지부에 물리치료기 후원

하고 있습니다. 특히 파타야시 산하 교육청을 통해 파타야 시립학
교와 유기적인 협력관계를 맺어 양국 간의 가교역할도 충실히 하
고 있습니다. 소한실 대표는 "태권도 사역을 하면서 근육통 등 물
리치료가 필요한 분들을 많이 보는데 이번 기기 후원으로 큰 도움
이 되어 감사하다"고 인사를 전했습니다.

　이번 물리치료기는 대전광역시 한의사회(회장 김용진 한의사)가
후원했습니다. 대전시 한의사회는 2005년부터 (사)러브아시아가
운영하는 대전 외국인진료소에서 이주민 대상 의료봉사를 18년

째 펼쳐오고 있는 단체로, 이정원 부회장은 "태국에서 구하기 어려운 물리치료기를 후원하게 돼 기쁘게 생각한다"고 밝혔습니다.

물리치료기를 후원받은 놉시캅 나나컴 파타야시 교육감은 대한민국 후원에 파타야 시민들을 대표해 감사의 뜻을 전했습니다.

김동현 감독은 "이번 계기를 통해 대전시와 파타야시가 서로 친밀한 우호관계로 발전되길 희망하며, 국내에 들어와 있는 태국인들을 비롯해 많은 이주민들을 더 잘 섬기도록 하겠다"고 했습니다.

또한 이번 일정에서는 충북 진천군(군수 송기섭)과 파타야시의 우호협력 자매결연 도시 의향서와 기념품도 전달했고, 파타야시도 진천군과 적극적으로 협력하겠다는 의사를 밝혔습니다.

(사)러브아시아·대전외국인복지관은 2002년부터 외국인주민들에게 다양한 복지서비스를 제공하고 있고, 필리핀 지부(조유원 선교사)와 태국 지부(소한실 선교사)를 두고 있습니다.

❹ 세계시민으로 살아가는 금산군의 전략

"이민국가와 금산군청이 나아갈 방향"이라는 주제로 2023년 12월 18일 금산군 인구정책 특강이 있었습니다.

시도	시군구	성별	총합계	한국계 중국인	베트남	중국	네팔
종합계	총계	총계	1,314,792	239,700	225,362	199,447	57,681
대전시	총계	총계	22,962	1,080	7,571	3,951	371
세종시	총계	총계	5,822	562	1,138	1,103	316
충청남도	총계	총계	82,372	10,417	17,120	8,264	6,814
충청북도	총계	총계	47,655	4,781	8,120	4,695	4,266
충청남도	금산	총계	2,977	51	1,063	188	364
충청남도	금산	남성	1,537	24	477	80	277
충청남도	금산	여성	1,440	27	586	108	87

시도	시군구	성별	총합계	D-2 (유학)	D-4 (일반연수)	D-10 (구직)	E8	E-9 (비전문취업)	F-1 (방문동거)
대전시	총계	총계	22,962	8,069	3,108	536	8	1,115	1,500
세종시	총계	총계	5,822	912	549	53	23	1,523	443
충청남도	총계	총계	82,372	7,408	3,450	619	2,174	26,246	8,705
충청북도	총계	총계	47,655	3,383	1,934	262	1,110	18,154	4,716
충청남도	금산	총계	2,977	578	159	37	362	1,219	155
충청남도	금산	남성	1,537	358	96	19	176	679	65
충청남도	금산	여성	1,440	220	63	18	186	540	90

● 금산군 국적별 외국인 수

법무부 2023년 6월 통계 월보에 따르면, 충청남도 금산군에 거주중인 외국인주민 총계는 2,977명으로, 그중 남성이 1,537명, 여성이 1,440명입니다. 행안부 통계를 보면 좀 더 많은 외국인 통계가 나옵니다.

국적별로 많은 순서는 베트남 1,063명, 캄보디아 467명, 네팔 364명, 우즈베키스탄 239명, 중국 188명, 필리핀 103명, 태국 98명, 인도네시아 84명, 스리랑카 67명, 미얀마 54명 등으로 22개 국가 출신입니다. 남성은 주로 외국인노동자, 여성은 주로 결혼이주여성입니다.

외국인노동자는 1,219명으로 남성은 679명, 여성은 540명입니다. 유학생은 578명, 기술연수는 192명입니다. 초과체류 또는 미등록 외국인이 40% 선이라는 것을 가정할 때, 또한 100만 명이 축소되어 있는 법무부 통계에 잡히지 않는 외국인까지 포함하면 금산군에 거주중인 외국인 주민은 3천 명을 상회할 것이라는 예측이 가능합니다.

2018년 평창 동계올림픽 때 정부가 외국인 관광객 유치를 위해 무비자 협정을 맺어 3개월 방문비자로 입국 후에 장기체류하는 외국인들이 많습니다. 그들은 주로 농어촌, 제조업체, 타이마사지

업체 등에 종사합니다.

글로컬 세계시민으로 살아가는 금산군의 전략은 다음과 같습니다.

1. 제가 몸담고 있는 (사)러브아시아는 2023년 8월 필리핀 지부(뽀락시) 설립에 이어 태국 지부(파타야시) 설립 조인식을 10월 파타야에서 진행했습니다. 파타야시 태권도 감독으로 있는 태국 지부 선교사님과 교육감(한국의 행정부시장 급)과 면담 후 오찬까지 하고 왔습니다.

또한 충북 진천군과 자매결연을 맺기 위한 준비 작업도 진행했습니다. K-한류 한국 도시들과 다양한 상호협력 관계를 구축하는게 파타야시에도 보탬이 될 것이고, 한국으로 유학생, 계절노동자, 이주노동자를 많이 보내면 시 발전에도 도움이 되고, 파타야시가 필요로 하는 한국의 다양한 인재풀을 수혈하기에도 좋을 것입니다. 이처럼 서로 필요충분조건을 충족할 수 있어 두 곳은 점진적으로 우호협력도시로 발전해갈 것입니다.

인구 30만 명의 국제 휴양도시인 파타야시와 자매결연을 맺을 진천군에는 1만 명가량의 많은 외국인들이 살고 있는데 그중 태국인도 400명가량이 됩니다. 진천군은 태국의 필요 인력뿐 아니라 유학생 유치, 국제관광 벤치마킹과 수출확대, 국제교류의 길을 열게 될 것입니다.

파타야 역시 진천에 국가 선수촌도 있고, 혁신도시 안에 법무연수원, 한국교육개발원, 한국소비자원, 한국가스공사 등등 많은 공공기관들이 있기 때문에 협력우호 관계를 통해 얻을 것이 많습니다. 금산군 역시 진천군처럼 원원하는 국제교류를 해나갈 필요가 있습니다.

2. 외국인노동자, 유학생, 해외공관, 결혼이민자와 다문화가족 등은 현재 250만 명에서 500만 명까지 증가할 전망입니다. 행안부의 생활인구 개념 도입으로 주민등록이 없는 외국인들도 지역주민으로 편입시키고 있습니다.

금산군은 지역소멸 초위험지역으로 분류되어 있습니다. 약 3천여 명의 외국인주민들도 살기 좋은 도시로 조성해야 외국인노동자, 유학생, 결혼이주여성 등이 금산군 주민으로 유입될 수 있습니다.

3. 타 지자체의 외국인정책을 적극 벤치마킹할 필요성이 있습니다.

● 태국 파타야 시청

● 2021년 9월 강진군 외국인쉼터 개소(사진 제공=강진군청)

강진군은 2020년 행정안전부가 공모한 '외국인주민 집중거주 지역 기초인프라 조성사업'에 선정돼 3억 원의 사업비를 들여 오감통시장 2층 고객휴게실을 리모델링해 강진외국인쉼터를 2021년 9월에 오픈했습니다. 강진외국인쉼터는 PC, 프린터 등을 갖춘 컴퓨터실, 빔프로젝터, 음향시설 등을 갖춘 멀티미디어실, TV, 안마의자, 테이블 등을 갖춘 교류 공간으로 구성하고, 평일 9시부터 18시까지 운영합니다.

　강진군 등록외국인은 2021년 8월 기준 417명으로 베트남, 캄보디아, 중국, 스리랑카, 필리핀 등 총 23개 국가에서 온 외국인들로, 결혼이주여성이 절반이고 나머지 절반은 농어업, 제조업, 건설업, 원어민교사 등 이주노동자들입니다.

　2023년 5월 13일 영암군 외국인주민 지원센터가 삼호읍 대불 종합체육공원 내에 문을 열고 외국인주민들의 정착 지원에 나섰습니다. 영암군은 2021년 행정안전부의 '외국인주민 거주지역 기초 인프라 조성사업'에 선정돼 국비 2억 원 등 총 4억 원의 사업비를 들여 교육실, 상담실, 쉼터 등을 갖췄습니다. 센터는 세한대학교가 민간위탁 운영하며 다양한 서비스를 제공합니다.

　영암군의 외국인주민 비율은 2023년 1월 등록외국인 12.7%인

● 2023년 5월 영암군 외국인주민 지원센터 개소(사진 제공=영암군청)

7천여 명으로 전라남도 평균 2.4%에 비교해 매우 높은 수준인데, 조선업 호황, 농촌지역 인력 수요 등으로 이주노동자들의 유입이 많기 때문입니다.

2023년 6월 제 책을 읽고 충북 충주시청 공무원 7명이 방문해 좀 더 많은 외국인주민정책을 공부했습니다. 외국인 당사자, 다문화 전문가들과 소통하며, 현장의 목소리에 귀를 기울여 정책 방향을 잡아가는 것이 좋습니다.

● 충주시청 공무원 방문

4. 국제적인 브랜드인 "금산인삼" 세계화 전략이 필요합니다.

금산군에 거주하는 외국인노동자, 유학생 등에게 금산인삼 판매자격을 부여하는 제도를 도입할 필요가 있습니다. 금산인삼 제품을 외국에서 선호하는데 이들에게 자국으로 귀국해 인삼제품을 판매하는 판촉권을 부여하면 업체에서는 해외 현지 인력파견이나 사업공간 임대비, 운영비 등을 절감할 수 있고, 수출 판로가 확대돼 영업이익이 증가할 것입니다. 금산군으로서는 세수가 확대되는 것입니다. 외국인들의 경우 일거리와 일자리를 얻고 소득

● 지역 특성을 활용한 지역 자리매김도 필요하다

으로 이어지며, 금산인삼 홍보대사 역할을 하게 되는 것으로, 금산으로 이주노동, 결혼이주, 유학생 유치에도 협력할 수 있는 중요한 징검다리 역할을 할 수 있습니다.

이미 동남아시아에 진출해 있는 많은 한국 기업들이 한국을 경험한 유학생이나 이주노동자들을 중간 관리자로 채용하고 있습니다. 이들은 한국어와 현지어 이중언어를 구사함으로써 업무와 노무관리에 적격자이며, 한국 문화를 이해하고 있기 때문에 기업에서 선호하는 것입니다.

5. 금산군은 국제결혼과 유학생, 이주노동자 유치에 적극적으로 나서야 합니다.

왜냐하면 행안부의 생활인구 개념으로 외국인들도 지역주민이 되는 것이며, 현 정부의 제도 변경으로 노동자나 유학생은 영주권을 얻게 됨으로써 그 후 그 가족들까지 금산군으로 유입되기 때문에 인구증대 효과를 얻을 수 있습니다.

또한 국제결혼도 민간업체에 맡길 것이 아니라 군이 적극적으로 담당부서를 세우고 담당자를 배치해 현재 금산군에 거주중인 외국인주민들을 대상으로 적극적인 홍보 마케팅을 함과 동시에 우호협력국가와 도시를 확대해 적극적인 외국인 유입정책과 국제결혼 인센티브 제도를 도입할 필요가 있습니다. 외국인도 4대 보험 의무화가 되어 있고, 외국인도 소득이 발생하는 곳에 세금을 부여하기에 세수 확대 효과가 있습니다.

국제결혼은 배우자뿐만 아니라 자녀들이 출생하기 때문에 인구가 증가하는 것입니다. 이를 위해 인센티브를 부여하는 방안을 모색해야 하며, 다문화가족과 그 자녀들의 양육과 보육, 교육문제에도 세심한 정책을 세워야 합니다. 국제언어학교 같은 소학교는 유휴공간을 활용할 수 있습니다.

6. 이주민과 선주민의 융합과 글로컬 세계시민

정부의 적극적인 외국인 유입정책으로 금산군 안에 사는 다양한 국가 출신의 외국인주민들도 평생 금산에서 살 수 있게 됐습니다. 이제는 한국인과 외국인 개념이 아닌 동등한 지역주민이 되는 것입니다.

이들 이주민들과 그 출신국가와 다양한 네트워크를 활용하는 다양한 Global+Local=Glocal 전략을 수립해야 합니다.

또한 다양한 민간영역 단체들과 글로컬 협의체를 구성해 다양한 국제교류와 통상무역, 문화교류 등 재미있는 도시를 만들 수 있습니다.

금산세계인삼축제에 금산에 거주중인 외국인 출신국가들을 초청하고, 금산 출신 외국인들이 운영하는 인삼제품 판매장을 활용해 수출 증대 효과도 얻어야 합니다. 라이온스나 로터리, 새마을회, 종교단체 등 금산에 거주하는 외국인들과 협력하고 이들 출신국가들과 협력하는 다양한 활동들도 면밀히 기획해야 합니다.

❺ 충주시청 다문화 동아리 공무원들과의 인터뷰

건강보험료를 내는데도 불구하고 이주 노동자들이 병원에 못

● 충주시청 다문화 동아리 공무원들과의 인터뷰

가는 이유는 무엇인가. 노동자들은 4대 보험에 다 가입하게 되어 있고, 늦게까지 일을 하고 평일 날도 일을 합니다. 병원 쉴 때 같이 쉬니까 진료받기가 어려워 무료 진료를 받고 있습니다. 건강보험료를 내는데도 불구하고 시간이 없어 병원에 못 가고 혜택을 받지 못합니다.

다문화가정 이주 여성들의 경제적 어려움은 심각합니다. 다문화가정 이주 여성들 같은 경우는 경제적으로 어려운 분들이 국제결혼을 하기 때문에 남편의 경제 능력에 의존할 수밖에 없습니다.

다문화가정은 70% 이상이 취약계층이므로 이에 대한 대안으로 '공동일자리'가 필요합니다. 다문화 식당 같은 경우는 만족도가 상당히 높습니다. I'mAsia는 1호점 2호점 두 개를 하다가 어려움이 있어 문을 닫은 상태이며, 천안 다문화 센터는 똑같은 I'mAsia 상호도 쓰고 메뉴도 그대로 해서 운영합니다.

시군 단위가 광역지자체보다 외국인 복지사업운영이 더 잘될 수 있다고 생각하며 그 이유는 유관기관과의 관계망이 긴밀하게 많이 연결되어 있기 때문입니다. 학교 다문화 급식 같은 경우는 학생들이 직접 체험을 하게 되므로 여러 가지 판로들이 많이 생길 수 있다고 봅니다.

다문화 공립학교 설치가 필요합니다. 다문화 공립학교를 전국 17개 광역권에 설치해야 하는데, 이를 위해서는 재정이 필요합니다.

다문화 자녀들의 적성과 특성을 살리는 이중 언어 교육, 기술 교육 등을 진행해서 다문화가정 아이들 스스로 직업을 찾아갈 수 있게끔 해주는 역할들을 하는 것이 필요합니다.

다문화 자녀들만 다니는 게 아니라 한국인 자녀들도 원한다면 다문화 공립학교에 입학할 수 있게끔 해줘야 합니다. 이로써 다문화 감수성이 함양될 수 있습니다.

다문화라는 분야에 대해서 아직까지 우리 사회는 학습이 덜 돼 있습니다.

독일식 거버넌스를 보면 민관 협력을 중요하게 생각합니다. 민관이 어떻게 관계 설정을 하느냐가 중요한데 현재 갑을 관계로 가는 방향들이 너무 많습니다. 정부 주도형으로 하려고 하는 건 '일본식 거버넌스'였습니다. 독일식 같은 경우는 민간이 무언가 하게 되면 정부에서는 재정과 행정을 지원하는 것에서 그치는 경우가 많습니다. 민간 영역을 존중해주는 것입니다.

민관 협력을 통해서 시너지 효과를 나타내는 게 중요합니다. 정부가 다 주도하기 어렵기 때문에 민간 위탁을 하는 건데 대부분 복지 시스템이 다 민간 위탁을 하는 형태입니다. 정부가 정해놓은 것만 하는 게 아니라 수요자들이 이런 것들을 원합니다라고 했을 때 그런 프로그램들의 다양화가 이루어져야 하는데 잘 안 되고 있습니다.

민간 위탁이라는 게 종신 위탁이 아니기 때문에 위탁 발주하는데 위탁 기관이 눈치를 안 볼 수가 없습니다. 선거 공신들 단체장이 바뀌면 위탁 기관도 변경되는 경우가 있고 수탁 기관장을 교체

하는 경우도 있습니다.

후원모집에 있어서 홍보의 중요성은 말할 것도 없습니다. 언론 보도가 되고 하니까 관심이 있었던 분들 같은 경우는 그걸 잘 몰라서 못했던 분들도 있을 수 있습니다.

민관 협력은 갑을 관계가 아닌 동반자 관계를 통해서 수요자들에게 폭넓은 서비스를 해주는 것입니다. 다문화센터 같은 경우는 하고 싶은 프로그램들을 돈이 없어서 못하는 게 많습니다. 정부 같은 민간단체 보조금 사업을 소규모로 정비하는 것이 필요합니다.

한편 외국인 관련 유언비어, 가짜뉴스가 심각한 문제입니다. 외국인들이 세금도 안 내고 건보 먹튀하고… 이런 가짜 뉴스가 사실인 것처럼 유포돼 있는데 정부가 팩트 체크를 하지 않습니다. 언론뿐만 아니라 정부가 해야 하는 일을 방기하고 있습니다. 외국인 혐오라든지 외국인 차별이라든지 이런 것들을 줄여가야 우리 사회가 사회 통합에서 플러스가 되는 건데 그걸 그대로 놔두고 가짜 뉴스만 계속 재생산되게끔 방치하는 것은 분명한 잘못입니다. 사실 컨트롤타워가 없어서 그럴 수 있으니 그것이 기본 문제라 하겠습니다.

　다문화의 기본요건을 보면 외국인 부분에서는 장기적인 안목을 갖고 브랜드 디자인하는 것이 부족하다고 보고 있습니다. 각자의 종교와 문화를 존중해주는 게 다문화의 기본인데 이슬람 사원조차도 IS 취급을 해버리면 상상하기가 어려운 부분이 있습니다.

　사실 작은 소도시일수록 인구 유입 정책들을 해야 하고, 외국인 관광객 유치를 위해 외국인들과 같이 갈 수 있는 방안들에 대해서 준비나 조사, 공부, 검토활동을 더 활발히 해야 합니다. 외국인들도 지역 주민이라는 인식을 가져야 지역소멸 문제에서도 타개점을 찾아갈 수 있습니다.

　외국인들은 우리에게 짐이 아니고 고마운 존재들인데 권리를 보호해줘야 합니다. 외국인들 범죄율은 내국인에 비해서 항상 낮습니다.

　지방대학의 외국인 유학생 유치에도 적극적이어야 합니다. 지자체별로도 외국인 유입 효과를 높일 수 있는 다양한 정책들을 개발하고 실행해야 합니다. 맞춤형 정책들을 해야 하며, 유학생들

같은 경우는 대학에서 많이 지원할 것으로 일반적으로 생각하지만 대학에서도 실제적으로 다 하지 못하고 있습니다. 지방대학 소멸문제로 감소하고 있는 학생 수를 외국인 유학생들이 대체하고 있습니다.

※ 충주시, 외국인 대상 홍보 프로그램

- 농촌사과체험 이벤트
- 충주 세계무술대회 등 지역축제에 외국가수 초청
- 충주시에 들어와 있는 외국인 인구 랭킹을 봐서 충주시에 어느 나라가 많이 들어와 있는가에 포커스를 맞춰서 해야 함 ▶ 순위를 정해서 한 달에 한 번씩 그 나라 행사 개최

※ 충주시에 거주하는 외국인 지원정책 방향

- 충주시에 거주하는 외국인이 많은 나라의 지역과 연관성을 가지면 여러 가지 할 일이 많음
- 충주시에 거주하는 외국인들의 만족도를 높여주는 사업을 구축해야 함
- 충주시 기업이든 충주시든 외국인 인구유입으로 보탬이 되는 것들이 있음

– 다문화 정책에서 여야가 경쟁적으로 해야 좋은 거니까 지자체도 마찬가지로 경쟁적으로 해야 함

❻ 민족의 자살과 이민국가, 인구정책의 답은 여기에 있다!
Immigrant, Emigrant, Migrant

윤석열 대통령은 취임 2주년 기자회견에서 "저출생대응기획부"를 신설하고, 장관이 사회부총리를 겸하는 무게감 있는 부처 신설을 밝혔습니다. 또한 후속적으로 대통령실에 "저출생 수석" 신설도 지시했습니다. 저출생과의 전쟁을 선포한 것인데 과연 17년 동안 400조를 투여하고도 이렇다 할 묘안을 못 찾고 있는 인구정책 상황에서 얼마나 실효성이 있을지 회의적인 목소리가 존재하는 게 사실입니다.

문재인 전 대통령은 페이스북에 "미래는 이주민과 함께 만들어 갈 수밖에 없다"라고 밝혔습니다. 퇴임 후라도 이민국가의 필요성을 인식했다는 점은 다행스러운 일입니다.

한쏘공, 한동훈 전 장관이 쏘아 올린 이민청은 불발탄이라고 지적한 적이 있는데 어쨌든 대부분의 지자체가 이민청 유치전에 뛰어들었습니다. 각 지자체별로 이민청을 유치했을 때 연간 1조

에서 4조에 이르는 경제 성장 효과와 3~4천 명의 취업 효과가 있어 지역경제에 보탬이 된다는 희망적인 예측이 있기 때문입니다. 충남, 충북과는 달리 대전, 세종은 현재 이민청 유치에 관심이 없어 손을 놓고 있는 상황입니다.

현재 정부가 추진 중인 이민청은 출입국관리본부가 청으로 승격하는 것 그 이상도 이하도 아닐 정도로 내용이 부실합니다. 그랜드 디자인 입장에서 보면 신설되는 이민청은 차후 인구이민부로 승격할 공산이 큽니다. 왜냐하면 이민국가와 인구문제는 동전의 양면임을 곧 깨달을 것이기 때문입니다. 필자는 인구이민부보다는 세계평화부를 신설하는 것이 더 폭넓고 국익에 보탬이 된다는 주장을 펴고 있습니다.

저출생고령사회, 인구절벽, 지역소멸의 대안은 결국 이민국가로 풀 수밖에 없다는 점을 인식하면, 인구이민부보다는 세계평화부가 훨씬 더 국익에 보탬이 되고 효과적이라는 사실을 깨닫게 될 것입니다. 현재 유럽국가들의 이주민 비율은 30% 선이고, 한국은 5% 선입니다.

부총리 저출생대응기획부, 대통령실 저출생 수석, 대통령이 당연직 위원장인 현재의 저출산고령사회위원회는 옥상옥이 될 수도 있지만 그만큼 저출생 문제에 대해 국가 존폐위기로 대응하는 것이 나쁘지만은 않습니다. 그러나 이 문제를 이민국가와 연계하는 융복합정책이 없다는 점은 매우 아쉽습니다. 사실 한국의 인구정책 전문가들은 이민정책에 대해서는 회의적인 입장이고, 이민정책 전문가들도 이 두 문제를 연결해보는 관점이 부족하기 때문입니다.

저출생과 관련해 인구감소로 "민족의 자살이 시작됐다"라는 구호가 나온 지 오래됐습니다. 각종 부처를 신설하는 정책은 앞으로 이민정책과 이민국가를 연결하는 지점으로 향하게 될 것입니다. 그래서 민족의 자살은 다문화로 극복해갈 수밖에 없습니다.

이주민을 표현하는 용어는 통상 영어로 'Migrant'이고, 'Immigrant'는 국내로 유입된 이주민, 'Emigrant'는 해외로 이주한 교포를 지칭합니다. 현재 한국으로 들어온 Immigrant는 250만 명, 해외로 나간 Emigrant는 750만 명으로 우리나라 입장에선 인구적으로 500만 명 손해를 본 셈입니다.

한국인 8명 중 7명은 국내에, 1명은 외국에 살고 있는데 국내 유입 외국인이 750만 명이 돼야 해외이주자 수를 커버할 수 있습니다. 즉, 인구 대비 15%가 해외에 거주하고 있어 국내 이주외국인도 15% 선을 유지해야 인구 감소를 막을 수 있다는 뜻인데, 향후 한국으로 500만 명은 더 유입될 가능성이 있습니다.

'인구감소-지역소멸-국가붕괴'라는 도식하에 백약이 무효가 된 상황에 이민국가로 가는 것이 돌파구가 될 수 있습니다. 그래서 현 정부는 이주노동자 비자를 10년으로 연장했고, 유학생들에게도 취업비자를 줘 영주권을 취득하도록 제도를 변경, 이주민을 지역주민화하고 있습니다. 지자체는 지역소멸 대안으로 이주노동자, 유학생을 적극적으로 유치하고 있습니다. 이들은 취업과 동시에 내국인과 동일하게 세금을 내기 때문에 내·외국인을 구별할 필요가 없습니다.

외국인들이 1년에 내는 세금이 2조 원인데, 다문화 관련 예산은 고작 3000억 원입니다. 정부는 연 1조 7000억 원 이득을 보고 있고, 외국인 건강보험도 해마다 4000억 원의 흑자를 보고 있습니다.

경북도는 '저출생과 전쟁본부'를 가동하고 있고, 충북도는 내년까지 유학생 1만 명 유치전과 동시에 행정부지사 산하에 외국인 정책추진단을 설치했습니다. 제천시는 올해 중앙아시아에서 고려인 2000명을 모셔옵니다. 서울시는 글로벌도시정책관을 신설해 현재 44만 명인 외국인주민을 늘려가는 이민정책을 펼칠 계획입니다.

바보가 아닌 이상 지역소멸을 방치할 지자체는 없습니다. 대통령실과 각 부처, 지자체에 이르기까지 다문화특보가 신설될 수밖에 없는 시대가 곧 옵니다. 현재도 그 대안으로 외국인 유치전에 발 빠르게 나서는 지자체들이 있는데, 여기에서 중요한 건 어렵게 유치한 외국인들이 그 지역에 정착하느냐입니다.

해당 지역에 정착할 가치가 없다면 유치해봐야 대부분 수도권으로 점프 업한다는 점에서 중앙정부와 지방정부가 상호 치밀한 정책을 마련해야 하는데, 21대 국회는 손을 놓고 있었습니다. 과연 22대 국회가 이 문제에 대해 적극적인 활동을 할 것인가?

이 문제에 제대로 접근하려면 '이민청(750만 Immigrant)+재외동포청(750만 Emigrant)=세계평화부(인구이민부)'라는 융복합 그랜드 디자인을 이해해야 합니다. 좌정관천(坐井觀天), 정저지와(井底之蛙)의 자세로는 이 같은 글로컬(Glocal) 통섭을 이루기 어렵습니다.

세계평화부(인구이민부)
신설 필요성

❶ 매년 증가하는 다문화가정 학생들

2023년 교육부 교육기본통계에 따르면, 초·중등학교 다문화 학생은 18만 1178명으로 전체 학생의 3.5%를 차지합니다. 전년 대비 1만 2533명(7.4%↑) 증가했습니다.

초등학교는 11만 5639명으로 전년 대비 3999명(3.6%↑) 증가, 중학교는 4만 3698명으로 전년 대비 3984명(10.0%↑) 증가, 고등학교는 2만 1190명으로 전년 대비 4446명(26.6%↑) 증가, 각종학교는 651명으로 전년대비 104명(19.0%↑) 증가했습니다.

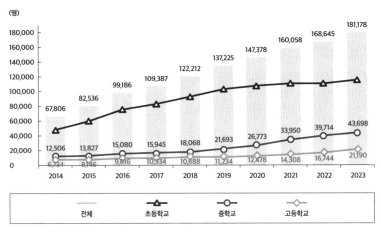

(명)

	2014	2015	2016	2017	2018	2019	2020	2021	2022	2023
초등학교	67,806	82,536	99,186	109,387	122,212	137,225	147,378	160,058	168,645	181,178
중학교	12,506	13,827	15,080	15,945	18,068	21,693	26,773	33,950	39,714	43,698
고등학교	6,734	8,146	9,816	10,334	10,688	11,234	12,478	14,308	16,744	21,190

전체　　　초등학교　　　중학교　　　고등학교

● 다문화 학생 비율은 3.5%로 전년 대비 0.3%p 상승

　학교급별 다문화 학생 비율은 초등학교가 4.4%로 전년 대비 0.2%p 상승, 중학교는 3.3%로 전년 대비 0.4%p 상승, 고등학교는 1.7%로 전년 대비 0.4%p 상승했습니다.

　전체 유·초·중등 학생 수는 578만 3612명으로 전년 대비 9만 6156명(1.6%) 감소했습니다. 2013년 718만 명이 넘던 학령인구가 10년 만에 140만 명 가까이 줄어들었습니다.

　유치원생은 1년 전보다 3만 1018명(5.6%) 감소했고, 초등학생(2.3%), 중학생(1.6%) 순으로 감소폭이 컸습니다. 유치원은 121곳이 문을 닫았습니다.

한국 학생이 줄어든 자리는 다문화 학생이 채우고 있는 것으로 나타났습니다. 초·중등 다문화 학생 수는 18만 1178명으로 역대 최대치를 기록했습니다. 전년 대비 7.4% 늘어났고, 전체 초·중등 학생에서 차지하는 비중도 3.5%로 전년 대비 0.3%포인트 높아졌습니다.

외국인 유학생은 18만 1842명으로 지난해보다 9% 증가했습니다. 국가별로는 중국(6만 8065명)이 가장 많아 전체 유학생의 37.4%를 차지했습니다. 이어 베트남 23.8%(4만 3361명), 우즈베키스탄 5.7%(1만 409명), 몽골 5.7%(1만 375명), 일본 3.2%(5850명) 순으로 아시아 국가의 비율이 높았습니다.

❷ 외국인주민 한국바다체험이 갖는 의미

(사)러브아시아–대전외국인복지관(이사장 김동현 남부연회 감독)은 2023년 7월 29일과 30일 양일에 걸쳐 "제17회 외국인주민 한국바다체험" 행사를 진행했습니다. 이번 행사는 16개 국가 출신 외국인노동자, 유학생, 다문화가족 등 300여 명이 참여한 가운데 대천해수욕장에서 진행했습니다.

코로나로 3년 만에 재개한 이번 한국바다체험 행사에 참여한

● 외국인주민 300명 제17회 한국바다체험

필리핀 출신 이주여성 리나씨는 "남편과 초등학생 자녀들과 함께 시원한 바다에 와서 물놀이를 하며 무더위를 날릴 수 있어서 좋았다"고 했고, 우즈베키스탄 출신 이주여성 이리나씨도 "우즈벡에는 바다가 없는데 가족들과 친구들과 한국의 여름바다에 와 즐거운 시간을 보낼 수 있어서 너무 기쁘다"고 했습니다. 네팔 출신 외국인노동자 머니씨는 "공장에서 일할 때 날씨가 너무 더워서 힘들었는데 친구들과 바다에 오니 너무 시원하고, 네팔에는 바다가 없는데 친구들과 좋은 추억을 만들어서 기쁘고 감사하다"며 소감을

● 대천 해수욕장으로 출발하는 관광버스

밝혔습니다.

　방글라데시 출신 노동자 하미두씨도 "친구들과 모처럼 휴일에 한국 바다에 오니 너무 좋고, 공장에서 힘든 일을 하는 친구들 모두 재충전이 되는 것 같다"며 "휴일에 한국문화를 체험하는 행사가 많으면 좋겠다"고 말했습니다.

　이번 행사를 후원한 남부연회 다문화선교위원회 위원장 박해범 목사는 "뜻깊은 행사에 참여한 많은 외국인주민들이 한국에서 좋은 추억을 많이 만들었으면 좋겠고, 더운 날씨에 모두들 건강하게 지내길 바란다"고 했습니다. 대전 시니어선교회 부회장 황태기 장로도 "휴가철을 맞아 외국인들이 한국바다를 경험할 수 있는 기회를 제공한 외국인복지관에 감사하고, 한국에 와 있는 많은 외국인들 모두 행복하고 건강하길 바란다"고 했습니다.

한국타이어 정문영 팀장은 "외국인복지관이 많은 일을 하는데 이번 행사 후원을 계기로 더 많이 협력해 외국인주민들의 한국생활에 보탬이 되도록 노력하겠다"고 말했습니다.

대전외국인복지관은 결혼이주여성, 이주노동자, 다문화가족들에게 법률상담, 무료진료, 한국어교육, 취·창업교육, 다문화아동교육 등 다양한 복지서비스를 2002년부터 22년째 지원해오고 있습니다.

❸ 외국인주민 사역 22년

이주노동자들이 사회적 약자로 고통받는 것을 바라보면서 신학대학원을 졸업하고 2002년 대전 대화동에 대전이주노동자지원센터와 쉼터를 열게 되었습니다. 당시 이주노동자들은 일하는 일터로부터 일한 만큼의 제대로 된 대우를 받지 못했고, 임금체불, 직장 내 갈등 등 언어소통이 제대로 이루어지지 않는 상황에서 그

● 22년째 운영중인 외국인 복지관 전경

대로 피해를 받을 수밖에 없는 상황에 놓여 있었습니다. 그래서 임금체불, 산업재해, 출입국문제, 민형사 문제 등 이들의 문제를 무료 법률상담을 통해 하나하나 해결해 나갔습니다.

※ 외국인노동자 무료진료소 이야기

2002년 외국인노동자 지원센터를 설립하면서 이들의 사업장, 기숙사 등을 돌아다니면서 이들의 가장 큰 문제가 건강이라는 것을 알게 되었습니다. 장시간 노동으로 젊은 사람들도 근육 등이

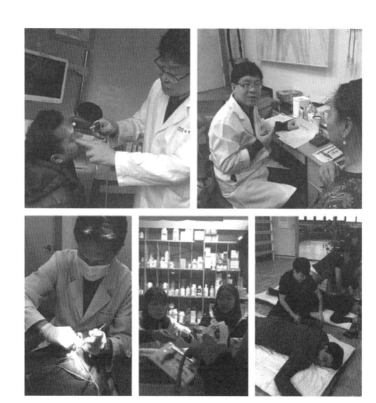

● 외국인 노동자 무료진료소

뭉치는 근골격계 질환을 앓았고, 영세한 사업장이 대부분인 이들의 열악한 작업환경으로 호흡계 질환도 많았습니다. 감기에 걸려도 병의원을 갈 수 없고, 임시방편으로 가까운 약국에 가서 약을 구입해도 의사소통의 어려움으로 제대로 처방을 받지 못하는 등 이들의 건강권이 매우 심각한 위협에 처해 있다는 것을 알았습니다.

주위에 아는 의료인들에게 도움을 요청해 휴일에 이들의 사업장이나 기숙사 등을 순회하며 진료하고 투약을 하게 되었는데, 이런 일이 번잡할 뿐더러 효율성도 떨어져 이들이 휴일인 일요일에 정기적으로 찾아올 수 있는 무료진료소를 마련하면 훨씬 더 많은 외국인노동자들의 건강을 돌볼 수 있다는 결론을 내렸습니다. 그래서 이들이 찾아오기 편한 교통 요충지를 찾아 대전역 근처 은행동에 적당한 건물을 임대해 2005년 1월 17일 무료진료소를 개소하게 되었습니다.

처음에는 돈도 없고, 장비도 없고, 의약품도 없고, 의료진도 없는데 가능하겠냐며 반대하는 사람들도 있었으나 뜻이 있는 곳에 길이 있다고 차츰 자리를 잡아가게 되었고, 연간 2천여 명의 외국인노동자들이 일반진료, 한방진료, 치과진료, 물리치료, 무료 투약을 받으며 건강을 챙기고 있습니다. 처음에는 4명의 의료진으로 시작한 무료진료활동이 현재는 500여 명이 넘는 의료봉사자의 참여로 이어져 현재 한의사나 약사는 1년에 한 번 정도 나오는 수준으로 확대되었습니다.

외국인노동자 무료진료는 매주 일요일 오후에 진행하고 있고,

인근 지역을 순회하며 진료활동을 벌이고 있습니다. 예방의학적인 차원에서 작은 질환이 큰 질환으로 확대되지 않도록 하고 있으며, 2차 진료가 필요한 경우 대학병원 등과 연계해 입원과 수술까지 무료로 진행하고 있습니다. 그동안 36개 국가 5만여 명의 이주외국인들에게 다양한 의료서비스와 각종 법률상담을 통해 고충을 해결했습니다.

※ 결혼이주여성 이야기

사역의 지경이 넓어져 국제결혼으로 이주해온 이주여성들을 돕기 시작했습니다. 한국 사회에서 다문화에 대한 이해가 부족하던 시기에는 이주여성들에 대한 시선이 차가울 수밖에 없었습니다. 언어소통 문제와 국제결혼에 대한 잘못된 인식들로 인해 그들은 사회적 약자로 전락했습니다. 여러 가지 안타까운 상황들에 처한 이주여성들을 돕고자 2006년 6월 대전 이주여성 지원센터를 열고 한글 기초·초급·중급·고급·토픽반, 사회통합프로그램으로 수준별 한글교육을 실시하는 한글교실과 법률상담, 임신육아출산교육, 운전면허교육, 직업훈련교육 등을 마련해서 이주여성들의 한국 정착을 돕고 있습니다.

● 결혼 이주여성 한글교육 현장

※ I'mAsia 이야기

다문화가정의 70% 이상이 저소득 가구인 취약계층입니다. 국제결혼은 경제적 여유가 있는 분들이 하는 것이 아니다 보니 자연스럽게 취약계층이 많습니다. 남편 벌이가 넉넉지 않은데 자녀들까지 양육하고 교육시키려면 남편 혼자의 경제활동으로는 턱없이 부족하다 보니 결혼이주여성들의 취업 욕구는 매우 높습니다.

그러나 정작 이주여성들의 취업 장벽은 내국인들보다 훨씬 더 높은 게 현실입니다. 식당 일을 하려고 해도 외모가 다르고 한국

특성별(1)	특성별(2)	2021								
		100 만원 미만	100- 200 만원 미만	200- 300 만원 미만	300- 400 만원 미만	400- 500 만원 미만	500- 600 만원 미만	600- 700 만원 미만	700- 800 만원 미만	800 만원 이상
전체	소계	10.2	14.3	24.7	22.7	15.3	7.2	2.3	1.4	1.8
결혼이민자·귀화자별	결혼이민자	7.1	13.5	24.6	22.7	16.6	8.8	2.6	1.7	2.3
	기타귀화자	12.8	17.5	26.4	20.7	12.9	5.5	1.8	1.5	1.0
	결혼이민자·귀화자 없음	24.6	14.9	23.7	25.0	10.4	0.5	0.8	0.0	0.0

● 가구 전체 월평균 소득 / 전국다문화가족실태조사

어도 익숙지 않아 사업주들은 내국인 여성이나 대학생들을 선호
하다 보니 식당 아르바이트 일자리 얻기도 결코 쉽지 않습니다.

이런 이유로 우리 복지관은 결혼이주여성들의 취업장벽 해소
를 위해 이들의 일자리 창출과 경제 자립을 목적으로 1년간의 준
비 기간을 거쳐 2012년 4월 아시아요리를 판매하는 다문화 레스
토랑 I'mAsia(아임아시아)를 창업하게 되었습니다.

외국인복지관 역시 정부 지원을 받는 기관이 아니다 보니 1억
원이 넘게 드는 창업비용 마련을 위해 사방팔방 노력을 했고, 결

국 부족한 7천만 원을 빚을 내서 창업하게 되었습니다. 오직 결혼 이주여성들의 높은 취업 장벽을 창업을 통해 돌파해보겠다는 의지 하나로 실행한 무모한 도전 같은 창업이었고 큰 모험이었습니다.

주변에서는 창업비용은 넉넉하냐? 요식업 경험은 있냐? 아시아 음식이 먹을 게 있냐? 아무나 창업하는 게 아니다. 정부가 해야 할 일을 왜 민간이 하냐? 식당은 폐업률이 높다 등등 걱정과 냉소, 무관심과 비아냥이 많았지만, 70% 이상이 취약계층인 다문화가정의 경제 자립을 위해 새로운 도전, 새로운 돌파구를 찾아야 했기에, 실패 위험을 줄이기 위해 1년간 철저한 준비 작업을 진행했습니다.

외국인복지관 직업훈련을 통해 한식조리사, 양식조리사, 바리스타 자격증을 취득한 이주여성들이 얻은 일자리는 학교 급식소에서 배식하는 아르바이트, 한정식 식당에서 설거지와 허드렛일 정도로 고작 3~40만 원 벌이였습니다. 물론 4대보험이나 퇴직금 적용도 안 되고, 외국인이라는 차별과 편견이 이들을 더욱 비참하게 만들었습니다. 7전 8기로 어렵게 자격증을 취득했는데도 자존감을 갖고 일할 수 있는 일자리는 없었습니다.

다문화 레스토랑 I'mAsia를 창업한 지 5년, 현재는 6명의 이주

● 2012년 4월 19일 10개국 20개 아시아 요리를 판매하는 I'mAsia 창업식

여성들이 4대보험, 퇴직금, 각종 수당과 법정 휴가 등 노동자의 정당한 대우를 받으며 당당한 셰프로 충분한 자존감을 갖고 일하고 있습니다. 차별과 편견이 없는 이주여성 공동 일터이기에 만족도도 매우 높습니다.

베트남 출신 이주여성 송미선 씨는 이곳에서 2년간 모은 2천만 원으로 얼마 전 호치민에 계신 친정엄마를 위해 새 집을 지어 선물했습니다. 물론 3~40만 원 벌던 학교식당 배식보다 벌이도 더 좋지만 배식이 아닌 당당한 셰프로서 일하게 된 것은 그에게 큰 행운이자 행복입니다.

● 베트남 셰프가 I'mAsia에서 모은 돈으로 호치민 친정집을 지어줌

I'mAsia에서 일하고 있는 결혼이주여성들은 매우 적극적입니다. 베트남 출신 송씨가 친정엄마에게 집을 선물한 것처럼 중국 출신 노 셰프는 중국에서 대학을 다니고 있는 딸 학자금을 안정적으로 지원하고 있고, 캄보디아 출신 채 셰프는 캄보디아에 있는 동생에게 휴대폰 가게를 차려주기도 했으며, 이주여성들의 꿈인 친정방문을 I'mAsia 직원 6명 전원이 자신이 번 돈으로 다녀왔습니다.

이런 결실은 대전외국인복지관이 이주여성들의 일자리 창출 모델을 반드시 만들겠다는 신념으로 1년간의 철저한 준비와 수

● <월간 코리아>에 소개된 다문화 레스토랑 I'mAsia (문화관광부 발행)

천만 원의 빚까지 내면서 과감한 모험과 도전을 했기에 가능한 일이었습니다.

이런 도전 정신 덕분에 취약계층 이주여성 일자리 창출이라는 사회적 이슈를 여러 방송과 신문에서 관심을 갖고 보도하기 시작해 현재까지 각종 언론에 100여 회 보도됐습니다. KBS 뉴스 전국 방송에서는 이주여성 일자리를 창출하는 착한 식당으로, KBS VJ 특공대에서는 다문화 주부들이 뭉친 맛있는 식당으로 소개되었습니다. 국회방송, 문화관광부, 여성가족부가 발간하는 매체에도 소개되는 등 다문화 레스토랑은 취약계층인 결혼이주여성 일자리 창출 문제를 사회 이슈화시켰습니다.

여러 보도를 통해 서울에서 제주도에 이르기까지 많은 다문화 기관에서 벤치마킹 방문을 할 정도로 I'mAsia가 전국적인 롤 모델로 자리매김한 것은 감사한 일입니다.

I'mAsia는 학교와 단체 등에서 다문화 체험장으로 활용하고 있어 자라나는 학생들이 다양한 아시아 음식 체험을 통해 다양한 문화를 이해하고 경험함으로써 서로 다른 존재와 문화를 있는 그대로 이해하고 존중하여 차별 없는 개방적인 세계 시민의식을 갖게 되는 강점이 있습니다. 이런 다문화체험 공간이 없는 대전에서 'I'm Asia'는 사막의 오아시스 같은 역할을 감당하고 있다는 큰 자부심도 갖고 있어 이주여성들의 자존감도 매우 높습니다.

I'm Asia는 아시아 10개국 30개 요리를 선보이고 있어 다양한 아시아 음식들을 한자리에서 맛볼 수 있다는 장점이 있습니다. 한국인 입맛에 맞는 레시피로 부담감이 없고, 화학조미료를 전혀 사용하지 않아 웰빙에 관심 있는 시민들의 건강에도 좋습니다. 시중가보다 2~30% 저렴하게 판매하고 있어 학교, 가족, 단체 등 착한 소비가 꾸준히 늘고 있고, 타 지역에도 긍정적인 영향을 미치고 있습니다.

● KBS VJ 특공대에서는 다문화 주부들이 뭉친 맛있는 식당으로 소개되었다

I'mAsia에서 꿈을 이루고 있는 이주여성들은 요리봉사단을 조직해 매달 소외계층을 찾아가거나 식당으로 초대해 요리봉사를 하고 있습니다. 자신들이 어려울 때 받았던 것을 나눔으로써 스스로가 해피 바이러스가 되기 위해서입니다. 저는 이것을 내국인과 외국인이 하나 되는 공생의 다문화사회라고 부르고 싶습니다.

※ 다문화어린이도서관 이야기

다문화가정이 한국사회에 점차 증가함에 따라 사회적으로 다문화 2세들에 대한 관심도 높아졌습니다. 이에 2010년 5월 1일 다문화어린이도서관을 열어 아동들의 장점을 계발하고 부모와의 유대관계 증진을 위한 발달교육 등을 진행하고 있습니다. 현재 10개국 1만여 권의 도서를 구비하여 자녀들의 이중언어교육을 돕고 있습니다.

2010년 5월 1일 오후 2시 대전 지역 다문화가정 및 후원자 등 관계자 100여 명이 참석한 가운데 다문화어린이도서관 개관식을 했습니다. 다문화도서관은 대전 지역 6,000여 명의 결혼이주

● 다문화어린이도서관 개관식

여성과 5,600여 명의 다문화가정 아동들의 보금자리입니다. 10개국 1만여 권의 도서를 보유한 도서관으로 구성됐습니다.

특히 이번 도서관 개관에 이용된 임대비와 공사비, 교구재비, 연월세 등 4천여만 원은 대전 시민과 교회, 각급 단체들의 후원금으로 마련돼 의미를 더했습니다. 도서관에서는 이주여성들의 자녀양육 어려움을 해소하고자 '다문화가정아동 발달교육'을 진행하고 있습니다.

한국인 어머니들이 자녀의 발달과 교육에 쏟는 재화와 노력에 비해 저소득층 다문화가정 자녀들은 경제적으로 소외되고, 교육 정보 부족으로 소외되는 이중고를 겪고 있습니다. 이 같은 문제를 해소하고자 다문화가정 아동, 어머니들을 대상으로 2차(4개월 과정)에 걸쳐 한국어교육과 발달교육, 어머니 코칭 프로그램 등을 실시하고 있습니다.

이를 통해 다문화가정 아동들과 어머니들 사이의 건전한 유대관계 형성을 돕고, 교육 소외율을 줄이는 효과를 보고 있습니다. 하지만 민간 차원의 한시적인 지원사업만으로 다문화가정의 자녀양육 문제를 근본적으로 해결할 수 없기에 다문화가정 아동들의 발달과 양육에 대한 정부와 사회의 지속적인 관심이 요구

됩니다. 이 공간에서 '한국의 오바마'들이 많이 나오길 희망해봅니다.

※ 다문화 정책 제언 책 출간

500만 이주민 시대를 전망하는 시점에 다문화에 대한 관심이 많아지면서 여러 곳에서 강의 요청을 받게 되었습니다. 교사, 공무원, 대학, 교회, 단체 등에서 강의를 하면서 다문화 교재의 필요성을 느껴 한 학기 대학 강의용으로 현장에서 느낀 내용들을 중심으로 2015년, 2023년, 2024년에 책을 내게 되었습니다.

이 책들을 통해 다문화와 이주민들에 대한 올바른 이해와 다문화 선교정책, 정부정책 개선에 도움이 된다면 감사한 일입니다.

※ 이주민 선교의 의미

한국의 거주외국인은 250만 명으로 2030년에는 400만 명에 이를 것으로 예측하고 있습니다. 거주외국인 중 다문화가족은 150만 명, 외국인노동자는 100만 명, 결혼이민자는 30만 명, 유학생은 20만 명에 이릅니다.

출산율 0.70명으로 OECD 국가 평균 1.17명에 못 미치는 세계

최저출산율과 초고령화 사회를 맞은 한국의 대안은 결혼이민자들입니다. 내국인들의 3D업종 기피현상으로 중소제조업체, 농축산어업의 만성적 인력부족의 대안 역시 이주노동자들입니다.

이들 출신국은 가톨릭인 필리핀을 제외하고는 대부분 이슬람권(인도네시아, 파키스탄, 방글라데시), 힌두권(인도, 네팔), 불교권(캄보디아, 베트남, 미얀마, 태국, 스리랑카, 몽골), 공산권(러시아, 우즈벡, 카자흐스탄, 중국)으로 선교 불모지 지역들입니다. 우리는 왜 하나님께서 이들을 한국 땅에 보내셨는지를 잘 생각하고 이해해야 합니다.

이주외국인들을 섬기는 것은 성서의 가르침대로 이방 나그네를 압제하거나 학대하지 말고 접대하라는 구약시대의 하나님의 요구요(출 22:21), 한국에서 강도 만난 이웃인 이주민들을 돌보는 것은 선한 사마리아 비유로 말씀하신 신약시대의 예수님의 가르침이요(눅 10:25~37), 땅 끝까지 이르러 내 증인이 되라는 초대교회의 요구대로(행 1:8) 땅 끝에서 온 이주민들을 증인 삼아야 하는 것은 성령시대 주님의 부탁입니다.

갈수록 증가하는 외국인노동자, 결혼이민자, 유학생, 난민, 다문화가정 자녀들은 사회 약자층이요, 사회안전망 안에서 돌봄이 필요한 우리의 이웃으로 우리와 한국교회가 이들을 섬기는 일은 하나님의 말씀에 순종하는 것입니다.(신 10:17-19) 또한 가서 너도 이와 같이 하라(눅 10:37)는 주님의 부탁이시기도 합니다.

※ "외국인노동자 혐오, 가짜뉴스만 바로잡아도 줄어들 것"

다음 기사는 2019년 6월 14일자 〈한국일보〉에 게재된 인터뷰 기사입니다.

"모든 인간은 피부색, 인종, 종교, 출신국가에 의해 차별을 받아서도, 차별을 해서도 안 되는 게 상식이죠. 그 평범한 상식이 지켜지는, 더불어 잘 사는 사회를 구현할 때 대한민국의 국격이 한 단계 더 향상될 겁니다."

김봉구 (사)러브아시아 관장은 "이주민에 관한 가짜뉴스만 바로잡아도 이주민 혐오는 상당히 줄어들 것"이라며 "각 정부부처별로 쪼개진 이민정책을 통합할 컨트롤타워가 필요하다"고 강조했다.

2019년 호암상 사회봉사상을 수상한 김봉구 (사)러브아시아-대전외국인복지관 관장의 소감은 사뭇 진지했다. 김 관장은 2002년 대전 외국인이주노동자 종합지원센터와 쉼터 설립을 시작으로 대전 충청 일대 이주민 정착을 지원했고, 2011년 다양한 이주민 지원 기관을 총괄하는 ㈜러브아시아를 만들어 운영하고 있다.

최근 서울 장충동에서 만난 김 관장은 "약자가 고통받는 것을 보면서 이들을 돕기 위해 이주노동자 종합지원센터를 만들었다"고 말했다.

'약자 중에서도 왜 이주민 지원을 선택하셨냐'는 질문에 김 관장은 십 수 년 전 이야기를 꺼냈다. 김 관장의 또 다른 직업은 목사. 목회 활동을 하면서 2000년대 초반에는 노숙인 쉼터를 지원했다. "당시 외환위기 이후라 노숙인이 많았고, 보건복지부든 지방자치단체든 노숙인을 대상으로 한 쉼터나 자활사업도 많이 운영했어요. 이런 말씀 드려도 될지 모르겠지만, 노숙인은 국민이니까. 당시는 외국인 노동자에 대한 관심은 거의 없을 때였고, 외국인고용허가제도 시행되기 전이라 외국인 불법체류율이 50%에 달할 때였습니다. 노숙인 지원은 여기저기서 많이 하고 있으니 더 소외된 분들을 돕자는 생각이 앞섰죠."

이주민 쉼터를 운영하며 김 관장이 알게 된 건 수요와 공급이 지속적으로 어긋나는 정부의 이주민 지원 정책이었다. 가장 먼저 발견한 건 의료사각지대. 합법적으로 국내에 들어온 외국인노동자조차 꼬박꼬박 건강보험료를 납부하면서도 쉽게 병원, 보건소를 이용하지 못했다. 장시간 근로가 많은데다 병원이 문을 여는 평일 낮에 휴가나 조퇴를 내기가 쉽지 않기 때문이다.

김 관장은 2005년 의사, 약사 등 의료 자원봉사자를 모아 외국인노동자 무료진료소를 열었다. 15년째 운영하는 진료소의 의료봉사자는 500여 명, 이들에게 의료혜택을 받은 이주노동자는 1만 7,000명에 달한다. 김 관장은 "외국인노동자들이 의료사각지대에 있기 때문에 무료진료소를 차렸듯이, 외국인들의 그다음 필요를 충족하면서 다양한 지원사업을 하게 됐다"고 말했다.

결혼이주여성인권센터(2005), 필리핀 코피노 지원센터(2008), 다문화어린이도서관(2009)이 차례로 문을 열었다. "일을 하다 보면 그렇게 될 수밖에 없어요. 지금 정부 주도의 외국인 정착 지원이 아무것도 안 돼 있기 때문에. 예를 들어 여성가족부가 운영 지원하는 다문화가족센터는 세운 지 10년이 넘었지만 초기 정착민을 위한 한국어교육을 하는 데에 그치거든요. 한국에 갓 들어온 분은 한국어교육이 중요하지만 정착 5년이 지나면 관심사가 미취학아동의 교육문제, 취업문제로 바뀌죠. 정착 10년, 20년째 관심사는 또 달라요."

김 관장이 2014년부터 다문화레스토랑 '아임아시아(I'mAsia)'를 직접 운영하게 된 이유다. 결혼 이주한 여성들의 일자리를 직접 마련하기 위해 만든 이 레스토랑은 현재 3개 지점을 운영 중이다.

김 관장은 "현재 이주민 지원사업 상당부분은 정책이나 예산이 이주민들 요구를 따라주지 못해 민간이 하고 있고, 그런 민간기관을 정부가 지원하는 형태로 운영되고 있다"면서 "현장 중심, 소비자 중심으로 가면 답은 금방 풀린다"고 말했다.

애초에 '약자를 돕는 일'로 이주민 지원 사업을 시작했지만, 이들을 만나는 10여 년간 김 관장의 생각도 많이 바뀌었다. 선뜻 자원봉사와 후원을 해주는 지역주민들도 있지만, 이주민 센터를 혐오의 시선으로 보는 배타적인 이웃도 있다.

그는 "이주민 정책에 대해 큰 그림을 그리고 노동, 여성, 유학생 등 분야별로 역할분담을 하면 이들이 반드시 한국에 큰 도움이 될 수 있다고 본다. 정부가 가짜뉴스만 바로잡아도 혐오가 줄어들 거라고 확신한다"고 말했다. "외국인노동자들이 국내 일자리를 빼앗는다고 하는데 고용허가제로 들어오는 외국인이 취업할 수 있는 직종은 국내 인력을 구할 수 없는 3D업종에 한정돼 있어요. 이주민에 정부가 퍼주기 지원을 한다는데 이들이 내는 세금, 4대보험이 연간 1조 5,000억 원 수준인데 정부 지원책은 다문화 정책을 포함해도 1,500억 원 수준이죠. 자본주의 관점에서도 지금의 배타적 시선은 바꿀 필요가 있어요. 문재인정부가 신남방 정책을 강조하고 있듯이 아세안은 어마어마한 잠재력이 있는 시장이에요. 한국에 들어온 외국인노동자, 유학생, 한국인과 결혼한 다문화가족여성들은 조국에 한국의 이미지를 알릴 사람들입니다."

❹ 불법체류자, 범죄인인가? 잠재적 국민인가?

법무부는 정부합동조사단을 구성해 불법체류자를 검거해 추방하고 있습니다. 그런데 불법체류자는 체류기간을 초과한 초과체류자이지 범죄자가 아님에도 불구하고 정부는 이 용어를 개선하지 않아 대부분 국민들이 불체자를 범죄인으로 오인하도록 방치하는 것도 큰 문제입니다.

1. 쉽게 말해서 교통법규를 위반하면 운전자에게 범칙금을 부과하는데 국민들이 이를 범죄인 취급을 하지 않습니다.

누구나 교통법규를 위반할 수 있고, 몇 만 원 딱지를 떼는 수준으로 범죄인으로 취급하지는 않습니다. 불체자도 마찬가지로 출국 시 초과체류 범칙금 몇 백만 원을 내고 나가며, 향후 5년간 입국이 금지되는 체류 초과자로 범죄인 취급하는 것은 과한 것입니다. 정부는 자진출국할 경우에는 범칙금을 면제해주기도 합니다.

2. 모든 초과체류자가 범죄인은 아닙니다.

출국 시 범칙금을 내면 되는 것인데, 이들을 절도나 상해 등의 범죄를 저지른 범죄인 취급하는 것은 인권침해 소지가 충분하므로 용어를 초과체류자로 사용하는 게 바람직합니다. 한국이 이민 사회, 이민국가로 간다면 그 정도의 국격은 갖춰야 합니다.

3. 초과체류가 발생하는 주요 원인은 국가 간 무비자협정에 기인하는 것으로, 한국 외교부와 무비자협정을 맺은 국가는 200개 국가에 달합니다.

그래서 한국인들이 전 세계에 750만 명이나 거주하는 것으로 초과체류 문제는 한국만의 문제가 아니기에 국가 간 상호주의 관점으로 들여다봐야 합니다. 따라서 한국 내 불체자와 전 세계에 나가 있는 한국인 불체자를 동시에 생각해야 합니다. 국내 불체자들 다 나가라고 이야기할 때, 전 세계에 거주하는 한국인 불체자도 다 추방하라고 동시에 주장하는 게 합리적입니다.

4. 한국인이나 외국인이나 범죄를 저지르면 그에 합당한 법의 조치를 받는 건 당연한 일입니다.

문제는 외국인 범죄가 한국인 범죄보다 적음에도 불구하고 모든 외국인을 범죄인 또는 잠재적 범죄인 취급하는 시각입니다. 외국인 범죄율은 한국인 범죄율의 60% 수준으로 외국인 범죄가 내국인보다 적은 게 사실이고 팩트입니다. 지금까지 내국인 범죄보다 상회한 적이 없음에도 외국인 범죄가 많은 것처럼 오인하도록 방치한 정부의 책임도 묻지 않을 수 없습니다.

내, 외국인의 모든 범죄는 당연히 처벌돼야 합니다. 단지 내국인보다 범죄율이 낮음에도 불구하고 많은 것처럼 호도하는 것은 잘못된 것이고, 외국인 범죄의 다수는 내국인 상대보다는 외국인 간에 벌어지는 경우가 많다는 것도 특징입니다.

죄종별(1)	죄종별(2)	2021		
		계	한국	외국 국적
		소계	소계	소계
계	소계	1,247,680	1,218,230	29,450
강력범죄	소계	22,992	22,350	642
	살인기수	307	293	14
	살인미수 등	409	383	26
	강도	748	697	51
	강간	5,593	5,439	154
	유사강간	834	813	21
	강제추행	13,882	13,530	352
	기타 강간·강제추행 등	271	263	8
	방화	948	932	16
절도범죄	소계	85,687	83,345	2,342
폭력범죄	소계	264,229	257,979	6,250
	상해	35,588	34,661	927
	폭행	145,634	142,199	3,435
	체포·감금	1,521	1,502	19
	협박	22,023	21,536	487
	약취·유인	318	313	5
	폭력행위등	20,526	19,939	587
	공갈	2,775	2,664	111
	손괴	35,844	35,165	679
지능범죄	소계	210,381	206,450	3,931

● 내국인과 외국인 범죄율 비교

5. 불체자를 범죄인 취급하느냐? 잠재적인 국민으로 보느냐? 하는 것은 해당 국가의 철학과 정책의 산물입니다.

❺ 우리는 모두 이주민입니다

조선후기 몰락한 농민들이 굶주린 배를 움켜잡고 간주로 이주하면서 시작된 우리의 현대 이주역사는 멕시코 애니캥(용설란이라고도 함) 농장의 노예생활, 일제시대 강제징용과 정신대, 독립운동을 위한 국경 탈출, 독일의 광부와 간호사까지 눈물과 서러움의 연속이었습니다. 가난을 탈출하기 위해, 강제에 의해, 독립을 위해서 등 다양한 이유로 겪어야 했던 이주 역사는 눈부신 경제발전을 이룩한 지금도 한국사회에서 진행되고 있습니다.

연세대 국문과 교수를 역임한 정현종 시인의 〈방문객〉이란 시는 사람을 이렇게 표현하고 있습니다.

사람이 온다는 건
사실은 어마어마한 일이다.
그는 그의 과거와 현재와
그리고 그의 미래와 함께 오기 때문이다.

한 사람의 일생이 오기 때문이다.

부서지기 쉬운

그래서 부서지기도 했을 마음이 오는 것이다.

그 갈피를 아마 바람은 더듬어볼 수 있을 마음,

내 마음이 그런 바람을 흉내 낸다면

필경 환대가 될 것이다

박노해 시인은 〈너의 때가 온다〉라는 시에서 무한한 가능성의 사람을 심층적으로 표현하고 있습니다.

너는 작은 솔씨 하나지만

네 안에는 아름드리 금강송이 들어 있다

너는 작은 도토리 알이지만

네 안에는 우람한 참나무가 들어 있다

너는 작은 보리 한줌이지만

네 안에는 푸른 보리밭이 숨 쉬고 있다

너는 지금 작지만

너는 이미 크다

너는 지금 모르지만

너의 때가 오고 있다

『이주하는 인류-migrants』의 저자인 영국의 BBC 기자 샘 밀러는 "우리 모두는 이주민이자 그들의 후예들이다. 이동과 이주는 피할 수 없다. 인류에게 이동과 이주는 운명이며, 우리는 모두 이주하는 인류"라고 말하고 있습니다.

미국 캘리포니아대 리버사이드 캠퍼스 이상희 교수의 책 『인류의 진화』에서도 "단일한 우리 한민족은 없다. 한반도 고인류는 그저 인류일 뿐"이라고 말하고 있습니다. 이 교수는 베네딕트 앤더슨의 『상상의 공동체』 등을 인용하며 "애초에 한민족이 단일 민족으로 구성되어 있다는 것 자체가 허황된 이야기"라고 했습니다.

"현대 인류의 서식지는 지구 전역이고, 인류 사이에는 넘어설 수 없는 벽이 존재하지 않습니다. '우리 민족'이라는 개념은 그 한순간에만 존재할 뿐 언제든지 허물어지고 구성원이 바뀔 수 있는 취약한 개념입니다."

'한민족'은 생물학적인 실체가 아니라 사회적, 문화적 개념일 뿐이라는 것입니다. 결론은 이렇습니다. "한반도의 고인류를 찾고 연구하는 일은 단일 민족의 기원을 찾는 일이라서 의미가 있는 것이 아닙니다. 오히려 국경이 없던 시절, 바다가 땅이었던 시절에 지금의 한반도에서 살고 있던 고인류는 한민족이 아니라 인류였다는 사실을 다시 살펴볼 수 있기 때문입니다."

성서는 말하고 있습니다. 우리는 모두가 아침 안개와 같이 짧은 시간을 이 땅에 잠시 살고 가는 이방 나그네라고….

저희 (사)러브아시아 필리핀 지부는 뽀락시에 400여 명의 유치원, 초중고 학생들과 50여 명의 교사들을 두고 있습니다. 그런데 학교 설립자인 선교사님 부부가 2023년 6월 3일 필리핀 교사 11명을 데리고 한국 학교 선진견학차 입국하려고 이미 500만 원을 들여 항공 티케팅도 마친 상태에서 불법체류 우려가 있다는 이유로 출입국을 불허한다는 통지를 받았습니다. 선교사님의 연락을 받고 곧 외교부에 전화를 했습니다.

필리핀 노동부 급여증명서, 교육부 재직증명서, 은행 잔고증명서, 여권, 3대 보험증, 교사 자격증, 한국 학교 초대장, 감리회 초청

사유서 등등 서류를 다 넣었고, 연례행사로 한 번도 초과체류한 사례가 없었는데 출입국 불허는 납득하기 어려우니 이 문제를 원만히 해결해달라고 요청했습니다.

신원과 목적이 확실한데도 한국 들어오기가 이처럼 어렵습니다. 필리핀은 6·25전쟁에 참전했던 우방국가인데 입국하기도 전에 상처받았을 필리핀 교사들에게 한국은 어떤 나라로 기억될까요? 제 책에서 다문화 정책은 국익과 공생을 위한 거시적인 안목으로 펼칠 것을 주문하고 있습니다.

다행히 문제는 해결되었습니다. 그리고 이 일을 해결한 공로로 기독교대한감리회 이철 감독회장은 2023년 6월 28일 감리회본부 감독회의실에서 대한민국 외교부 조구래 기획조정실장에게 감사패를 전달했습니다. 감사패 전달식에는 이철 감독회장과 이용윤 행정기획실장, 필리핀 조유원, 배말순 선교사 부부(필리핀 크리스천 네버랜드스쿨, 사단법인 러브아시아 필리핀지부), 조구래 외교부 기획조정실장, 그리고 제가 사단법인 러브아시아·대전이주외국인종합복지관 관장 자격으로 참석했습니다.

이철 감독회장은 이번 필리핀 네버랜드크리스천스쿨 교사들이 한국을 방문할 때 많은 어려움이 있었는데 해결에 도움을 주어서

● 필리핀 네버랜드크리스천스쿨 · (사)러브아시아 지부

너무나 감사하다며 앞으로도 선교사들을 위해 지속적으로 잘 도와달라고 부탁했습니다. 이에 조구래 기획조정실장은 어릴 적 대전지역 감리교회에서 자란 후 러시아에서 근무할 당시에는 모스크바 감리교회를 다녔고, 저와의 관계 속에 감리교회와 많은 연관이 있다고 밝히며 감리교회 감독회장께 감사패를 받게 돼서 너무나 영광이라고 밝혔습니다. 사실 저에게도 퇴직 후에 외국인노동자들을 위해 봉사하겠다고 밝힌 바 있습니다.

　이용윤 행정기획실장은 감리교회는 국내선교사제도를 만들어서 이주노동자들을 잘 관리하고 선교하는 데 노력하고 있다며, 세계 감리교회 중 미국감리교회 다음으로 많은 선교사들을 보내고 있는데 현지 선교사들의 비자문제나 현지 동역자들이 한국을 방문할 때 애로사항이 많다며 향후 감리교회에서 신원을 보장하면 이러한 문제들이 원만히 해결될 수 있도록 협조해달라고 부탁했습니다.

조유원, 배말순 선교사는 자신들에게 직접적인 도움을 주신 것에 너무나 감사하다며, 한국을 방문하고 돌아간 필리핀 교사 11명

● 감독회장, 외교부 기조실장에게 감사패 전달

을 대신해 감사의 인사를 전했습니다.

캐나다 토론토 의대 교수로 있던 에비슨은 언더우드 선교사의 조선 선교보고회에서 조선에 의사가 필요하다는 말을 듣고 평신도 의료선교사로 조선에 들어와 고종 왕립병원인 제중원에서 일을 하게 됩니다.

제중원은 광혜원에서 제중원으로 개명된 곳으로, 지금의 서울대 의대의 효시입니다. 기독교 평등사상을 갖고 있던 에비슨은 병든 천민들도 돌봐 왕궁과 갈등을 빚던 중 미국에 초청돼 선교보고를 하게 됩니다.

에비슨은 조선의 병든 백성들을 치료해야 할 병원 건립으로 1만 달러가 필요하다고 보고했습니다. 이때 세브란스가 그 기금 전액을 후원하게 되는데 세브란스는 석유왕 록펠러 친구로 정유회사 공동 창업자였습니다. 그의 아버지는 의사였고, 어머니는 고아원을 운영하며 어려운 사람들을 돌보던 분이었습니다. 그의 철학도 '받는 것보다 주는 기쁨이 크다'였기에 선뜻 큰돈을 후원하게 되었습니다.

에비슨은 그 돈으로 병원을 지으려 했는데 왕궁에서 주기로 한 땅을 주지 않자 세브란스가 5천 달러를 더 후원해 서울역 근처

● 지금의 연세대 의대를 만든 좌)세브란스와 우)에비슨

땅을 사 그 위에 병원을 세웁니다. 그 병원이 지금의 세브란스 병원입니다. 이후 세브란스는 3만 달러를 더 보내 지금의 연세대 의대가 만들어졌습니다. 총 4만 5천 달러의 돈은 현재 가치로는 최소 1천억에서 최대 6천억 정도의 거금입니다.

이후 세브란스가 갑자기 복통으로 사망한 후 그의 수첩에서 발견된 메모를 통해, 이와 같은 학교와 병원 후원을 조선에만 한 것이 아니라 중국의 여러 성과 태국, 인도 등 여러 아시아 국가에도 했다는 사실이 밝혀졌습니다. 주는 기쁨으로 살았던 세브란스를 기억해야 합니다. 세브란스 후손들은 지금도 연세대와 병원에 후원금을 보내고 있습니다.

언더우드 등 선교사들이 세운 지금의 연세대는 1956년 연희대와 세브란스의대가 합병하면서 두 학교의 앞 글자를 따 연세대가 된 것입니다.

보통은 주는 게 손해라고 생각합니다. 그러나 결국 주는 것이 기쁨이요 남는 것입니다. 현 시대에는 사실 주는 게 손해가 아니라 더 많은 것으로 실질적으로 돌아오기 때문에 더더욱 가난과 독재에 신음하는 제3세계에 대한민국의 해외원조와 민주화, 산업화를 이식해야 합니다. 그 일을 위해 세계평화부 신설이 필요합니다.

뿌리면 반드시 거두게 되는데 그 수확은 30배, 60배, 100배가 됩니다. 성서를 잘 모르는 일본은 어떻게 이 법칙을 잘 알고 수행했는지 궁금하지만, 한국정부는 주는 것은 손해라는 근시안적인 인식을 버려야 합니다. 결국 주는 게 남는 것입니다.

이것은 일본이 패망 이후 80년 가까이 경제로 대동아공영권을 실현하고 있는 현실이 증명해주고 있습니다. 일본은 막대한 재원을 동아시아에 해외원조로 쏟아부었습니다. 지금도 한국의

ODA(공적개발원조) 사업 재정의 두 배로 충분한 열매들을 거두어 가고 있습니다.

한 예로 인구 3억의 인도네시아에 한국차 점유율은 1%가 안 되는 반면 일본차 점유율은 90%가 넘는데 아시아에서 이런 현실은 별반 다르지 않습니다. 이런 일본의 해외원조와 수익 상황은 명백한 사실로 충분한 근거와 지표, 자료는 얼마든지 나와 있습니다. 결국 주는 게 남는 것입니다. 그래서 평화부 신설이 필요합니다.

세브란스와 에비슨은 거저 받은 은혜를 거저 나눈 기독교 정신을 실천한 사례이고, 일본은 주는 게 남는 장사라는 경제 이치를 일찍 깨달은 사례입니다. 그리고 한국은 아직도 주는 건 손해라고 생각하는 사례입니다. 우리는 하루빨리 이런 인식에서 벗어나야 합니다.

❻ 외국인노동자 대형 참사 예방책은 무엇인가?

대형 참사 현장엔 늘 외국인노동자가 있습니다. 내국인이 기피하는 3D 업종에 외국인노동자가 일하고 있기 때문입니다. 정부가 운영하는 외국인노동자 고용허가제나 방문취업제는 건설업, 제조업, 농축산업, 일부 서비스업에 종사하도록 규정하고 있고, 국내에서 인력을 확보하지 못해 16개 국가와 MOU를 체결해 인력을 송출받고 있습니다.

그래서 외국인노동자는 밀입국을 했거나 불법적으로 한국에 온 것이 아니라 한국 정부가 초청한 '손님 노동자'입니다. 정부나 중소업체들은 부족한 인력을 외국인에 의존할 수밖에 없다는 사실을 잘 알고 있고, 그 인력을 해마다 늘려왔습니다. 고용허가제를 시행한 지도 20년이 넘었고, 농어촌의 부족한 일손은 법무부가 계절노동자라는 제도를 만들어 각 지자체에서 인력을 초청하도록 하고 있습니다.

지난 6월 24일 경기도 화성에서 발생한 화재 참사 희생자 대부분이 외국인노동자들입니다. 그들의 명복을 빕니다. 코리안 드림을 꿈꾸고 한국에 온 이주노동자들이 참사 현장에서 희생당하는 현실이 참담합니다.

통계청과 고용노동부 자료를 보면 외국인노동자는 내국인노동자에 비해 산업재해율이 2배 높고, 산재 인정률은 내국인의 절반밖에 되지 않습니다. 이것은 언어 소통의 문제, 작업숙련도, 열악한 노동환경과 장시간 노동, 차별에 기인한 것입니다.

그렇다면 되풀이되는 참사를 줄일 예방책은 무엇일까요?

첫째, 산업안전법이나 중대재해법은 예방보다는 사후 처벌에 초점이 맞춰져 있습니다. 효과적인 예방책을 마련해야 합니다. 법을 만들거나 바꿔서 해결될 문제가 아니라 기존의 법이 제대로 작동되도록 하는 노력이 필요합니다. 안전교육이나 안전관리사를 배치하되 외국인노동자가 자국어로 안내받을 수 있도록 통역원을 배치하고, 자국어 안전 안내서 비치 등 촘촘한 대책이 필요합니다.

둘째, 우리정부는 3년이었던 외국인노동자 근무년수를 최장 10년으로 연장시켰습니다. 정부가 이들의 체류기간을 확대해온 이유는 부족한 인력 문제, 제조업체들의 숙련노동력 선호, 저출생고령사회의 대안 등 한국이 절실히 필요했기 때문이었습니다.

이제라도 정부는 이주노동자들도 한국 사회의 주요 구성원이라는 관점을 가져야 합니다. 세금도 내고, 4대 보험료도 납부하고, 인력난도 해소하고, 인구절벽의 대안이기도 합니다. 저렴하게 쓰고 버린다는 식의 근시안적 관점에서 탈피해야 합니다.

그러기 위해선 범정부적 차원으로 이주민 정책을 대대적으로 손봐야 합니다. 입국 전부터 철저한 사전교육을 진행해 조기 정착률을 높일 수 있고 각종 재해도 줄일 수 있습니다. 장기적으로 보면 현지 사전교육에 신경을 쓰는 게 저비용 고효율입니다.

전국적으로 외국인노동자지원센터를 민간에 위탁해 노동부가 커버하지 못하는 각종 민원에 즉각 대응하는 것 역시 저비용 고효율 정책입니다.

연간 외국인노동자들이 내는 세금·수수료·과태료 등은 2조 원에 달하는데도 이들을 위한 예산은 고작 수십억 원에 불과합니다. 2023년에 노동부 외국인노동자 사업비 100억 원도 삭감했습니다. 외국인노동자는 증가하는데 상담소는 폐쇄하고 예산은 삭감하는 모순된 행정을 바로잡아야 합니다. 예산을 없애는 건 이들의 인권을 짓밟는 것입니다.

외국인노동자 비자 10년은 이들이 이주노동자에서 지역주민이 된다는 의미입니다. 5년 이상 거주할 경우 영주권이 부여되므로 정부는 저출생고령사회 대안으로 외국인주민 정책에 관심을 기울여야 합니다. 이들에 대한 각종 복리후생정책과 예산을 반영해 각 지자체에 잘 정착하도록 해야 하며, 행정안전부 등과 협조해 사문화된 '거주외국인 지원 조례'에 예산을 반영해야 합니다.

농림축산식품부가 진행 중인 계절노동자 기숙사 건립처럼 노

● 한국 노동자 출신 네팔 시장을 다룬 기사

동부도 이주노동자 기숙사 건립 정책을 추진하고, 외국인노동자 센터 등 이들의 사랑방을 확보해야 합니다. 외국인노동자의 지역 정착률을 높이는 것이 지역소멸의 대안이란 관점에서 접근할 필 요가 있습니다.

아시아 상생의 경제공동체라는 큰 그림도 그려야 합니다. 한국 으로 오는 이주노동자, 돌아가는 노동자들은 평생 한국과 동반자 관계로 살아갈 수 있는 소중한 자원입니다. 자국과 한국을 연결하 는 다리로서의 역할과 가치를 충분히 인정해야 합니다.

한 언론 보도에 따르면, 한국에서 일하다가 네팔로 돌아간 노동자 6명이 지난해 시장으로 당선돼 현재 시정을 펼치고 있습니다. 누구와 어떻게 파트너십을 이루며 외교·통상을 하는 게 효과적인지 답이 보이지 않나요?

다문화 국가로 가는 길

초판 1쇄 발행 2024년 10월 20일

지 은 이	김봉구
펴 낸 이	한승수
펴 낸 곳	문예춘추사

편 집	구본영, 이상실
디 자 인	박소윤
마 케 팅	박건원, 김홍주

등록번호	제300-1994-16
등록일자	1994년 1월 24일

주 소	서울특별시 마포구 동교로 27길 53, 309호
전 화	02 338 0084
팩 스	02 338 0087
메 일	moonchusa@naver.com

ISBN   978-89-7604-692-5   03330